# LA DICTATURE

# DE GAMBETTA

# LA DICTATURE

## DE

# GAMBETTA

PAR

## H.-R. BLANDEAU

PARIS

LIBRAIRIE D'AMYOT, ÉDITEUR

8, RUE DE LA PAIX, 8

1871

# LA DICTATURE

# DE GAMBETTA

———

Beaucoup de dupes, qui ne veulent rien voir et rien entendre, croient encore, à l'heure qu'il est, au génie de Gambetta, aux armées organisées par Gambetta, au salut de la France par Gambetta ; ils restent persuadés que, sans la trahison des royalistes, Gambetta eût délivré Paris et anéanti jusqu'au dernier soldat prussien.

Examinons donc les actes de cette dictature qui fut la plus extravagante, la plus stupide, la plus insolente des tyrannies sous laquelle la bêtise humaine ait pu courber une nation.

Si le pays lassé, vaincu, ruiné, démoralisé reste inerte et pantelant, s'il ne trouve plus en lui le ressort nécessaire pour se relever, reprendre son labeur et sa place au soleil, il faut qu'il sache au moins sur qui doit porter la responsabilité de ses revers, de ses malheurs, de ses hontes. L'opinion publique, elle aussi, a ses cours martiales et ses jugements sommaires. C'est à elle d'attacher au pilori de l'histoire ce rhéteur impuissant qui, en quelques mois, engloutit les ressources de la France, dissipa ses armées, paralysa ses énergies.

Avant l'affaire Baudin (1868), qu'il plaida, Gambetta n'était guère connu qu'au quartier latin, où il roulait, pérorant de café en café C'était le chef avoué de la jeune bohême démagogique.

Il fut longtemps un des convives assidus d'une table d'hôte située au numéro 7 de la rue de Tournon. M. Alphonse Daudet a déjà présenté au public les habitués de cet établissement. « Il y avait là, dit-il, une douzaine d'étudiants méridionaux — mais du vilain midi — avec des barbes en palissandre, trop noires, trop luisantes, un accent criard, des gestes désordonnés et de grands nez tombants qui leur faisaient des têtes étranges. C'étaient les mamelucks du futur dictateur, les mêmes que nous retrouverons plus tard à Tours et à Bordeaux : Spuller, Pipe-en-Bois, etc., etc.

« Dès cette époque, Gambetta posait pour le commandement. Quand il entrait dans la salle, le dos voûté, roulant des épaules, borgne, et le visage tout enflammé, ses mamelucks l'accueillaient par un hennissement formidable.

« Lui s'asseyait bruyamment, s'étalait sur la

table, se renversait sur sa chaise, pérorait, frappait du poing, riait à fendre les vitres, tirait la nappe à lui, crachait loin, arrachait les plats des mains, les paroles de la bouche, et, après avoir parlé tout le temps, s'en allait sans avoir rien dit, montrant le type le plus accompli de ce qu'on peut imaginer de plus provincial, de plus sonore et de plus ennuyeux. »

Qui eût pu prévoir alors que cette fleur du Lot ne retournerait pas à son terroir, et que de cette cervelle en désordre jaillirait un jour une parole emphatique et creuse qui semblerait à quelques-uns le souffle même de la patrie !

Comment ce rusé gascon a-t-il pu passer grand homme si subitement? L'auteur auquel nous empruntons ces renseignements croit que c'est du jour où il se fit poser un œil de verre, un bel œil bleu d'un magnifique iris, et que de ce jour-là datent la métamorphose et les hautes destinées de Gambetta. Cet œil de verre était fée probablement, et, en apportant la lumière dans cette face de cyclope, il lui a donné du même coup l'expression, l'intelligence, le don du commandement, et surtout le don de malice. Car il est malin, le Gascon ! Nous n'en voulons pour preuve que la phthisie galopante avec laquelle il nous a tant apitoyés, il y a deux ans, et qui aura décidément sa place dans l'histoire des trucs et accessoires politiques.

Mais ce que l'œil de verre n'a pu lui enlever, c'est

son terrible accent méridional et ses gestes d'épileptique. Par ce coin-là, il est toujours resté l'ancien Gambetta de la rue de Tournon.

Si l'on avait le cœur à rire, quelle joyeuse comédie à faire avec ce titre : *les Mamelucks de Gambetta !* S'en sont-ils donné de l'importance et de la chamarrure, tous ces niais, tous ces obscurs, tous ces inutiles qui ont concouru à la défaite nationale et que l'œil de verre avait tirés de leur nuit! Que de bombances, que de fêtes pendant nos désastres, et comme ce doit être dur d'échanger tout cela maintenant pour l'exil ou la déportation, pendant que le maître songe encore à exploiter notre sottise!

Gambetta a ce qu'il faut pour tromper les niais. Il y a dans ce Gascon greffé sur l'Italien (nous parlons de l'homme politique bien entendu) du saltimbanque, du commis-voyageur, du jacobin, du Bonaparte, à doses variées et mêlées selon la *formule* et les circonstances.

Il a la voix forte et le son creux qui agissent sur les foules et rendent les tyrans populaires. L'esprit dégagé de préjugés, il a montré qu'il sait se mettre au-dessus des petits scrupules de légalité et de justice, et que, pour atteindre un but qu'il s'est proposé, il n'est pas homme à peser les moyens au poids d'une morale sévère.

Le rôle qu'il a rempli à Tours et à Bordeaux était hors de toute proportion avec ses forces. Il ne peut arguer de sa bonne foi sans descendre au niveau d'une vulgaire ineptie ; et, s'il a eu la vue nette et sûre d'un esprit perspicace, le salut du pays n'a été pour lui qu'un prétexte, le but était tout personnel.

Et pourtant cet homme qui a conduit la France de désastre en désastre a encore des partisans ! Il a les hommes de vue courte qui ont cru à l'efficacité d'une guerre à outrance ; ceux qui aiment la force quand elle se met au service de leurs passions et de leurs intérêts ; les démocrates sans boussole, et les radicaux des confins de la Commune.

Tel était donc en raccourci le grand homme de cabaret dont la Fortune, en un moment de belle humeur, fit un député de Paris, puis un dictateur de la province, sans que, pour cela, il renonçât le moins du monde à la bohême.

C'est en bohême qu'il gouverna la France, en collaboration avec des bohêmes, oublieux de la veille, insouciant du lendemain, s'en rapportant au hasard pour trouver des millions, comme jadis, au quartier latin, pour trouver vingt-cinq sous, de quoi faire un *balthazar* chez Viot l'aquatique !

Dès le 4 septembre, une pluie de sauterelles s'abattit sur son ministère ; en arrivant au pouvoir, il eut à traîner dix ans de bohême parisienne après ses bottes : tutoyeurs, gêneurs, incapables, s'acharnèrent après lui, dévorant les meilleures places, inspections, directions, préfectures, sans qu'il lui fût possible de s'en débarrasser. Le premier imbécile venu qui lui avait payé un bock un soir de sécheresse, un être dont il n'avait jamais su le nom, exigea et obtint une sous-préfecture.

Devenu dictateur, il retrouva à Tours d'autres amis d'estaminet qui le tutoyèrent aussi, le bombardèrent de leur dévouement à la République et de leurs demandes de places. — Il en fit des généraux !

Trouve qui pourra une autre contrée où les badauds soient en nombre suffisant pour mettre ainsi les destinées de tout un peuple aux mains d'un avocat rebelle à sa profession, d'une outrecuidance plus colossale, frappé d'une plus complète incapacité politique, et ne pouvant produire d'autre titre que d'avoir gouverné le café Procope, le café de Suède et le café de Madrid, ces trois étapes de la démagogie contemporaine !

*
* *

Gambetta quitta Paris dans les premiers jours d'octobre. Ce voyage fut un coup de maître, car les niais voulurent voir un grand acte de patriotisme là où il n'y avait peut-être qu'un calcul élémentaire d'intérêt. L'insurrection du 31 octobre se préparait, et il fallait à tout prix éviter de s'y trouver compromis avec les frères et amis.

D'ailleurs, les hommes de l'Hôtel de ville, qui n'avaient pas été longtemps à revenir de l'illusion où

ils étaient sur la valeur politique de leur jeune collègue, trouvaient une bonne occasion de s'en débarrasser et de le débarrasser lui-même des récri-
minations et des clameurs que sa gestion et ses fa-
voritismes avaient déjà soulevées.

Malgré la gravité des événements, les circonstances
de ce voyage aérien défrayèrent pendant quelque
temps toutes les conversations.

La pelisse de 3,000 francs et les bottes fourrées
portées par deux huissiers en livrée ; le nombre des
cordes qu'il avait fallu ajouter au ballon et qui
avaient failli empêcher l'entrée du ministre dans la
nacelle ; la pâleur et les tremblements ; les baisers
fortifiants de Louis Blanc ; les visites pendant deux
jours d'un membre de l'Académie des sciences ; les
hésitations au départ ; le refus de l'aéronaute Dartois
de diriger lui-même, et la menace ironique faite par
lui, en réponse aux injonctions autoritaires qui lui
étaient formulées, de verser son chargement dans
le Père-Lachaise, tout cela se raconta et diminua le
prestige du Danton du quartier latin.

Déjà mise en gaieté par l'arrivée de ce trio iné-
narrable et indéconcertable que Paris lui avait ex-
pédié sous forme de délégation gouvernementale,
MM. Crémieux, Glais-Bizoin et Laurier, Tours vit
son hilarité portée au comble par la présence de ce
colosse en baudruche qui avait été pris pour un
homme d'État.

On crut d'abord que ce jeune homme ardent,

mais étranger aux choses de la vie et très-éloigné des études sérieuses, allait s'empresser de nommer un conseil de Défense nationale; qu'il allait charger des hommes spéciaux de coordonner les ressources militaires de la France, de hâter la fabrication des armes, de diriger les opérations de la guerre.

C'était ignorer l'outrecuidance de ce marchand d'orviétan démagogique.

De sa seule autorité, le jeune Gambetta s'attribua exclusivement la direction suprême de la guerre.

Au lieu de croire au bon sens, à la pratique, à l'expérience, il ne crut qu'à deux choses : la révolution et lui-même.

Homme de parti avant tout, il ne songea qu'à appliquer les théories de son école et à assurer, par le déplacement des intérêts et le changement des institutions, le triomphe des idées républicaines. Bonaparte avait subordonné tous ses calculs au maintien de sa dynastie : Gambetta ne se préoccupa que du maintien de la République.

On sait quelles sont les théories de ces faux patriotes. Écoutez les chan s de triomphe du *Siècle* le jour de Sadowa !

« Il y a des gens qui prétendent que l'agrandissement de la Prusse est un danger pour nous : réactionnaires, cléricaux, tous ces ennemis de l'Italie s'entendent pour promener devant nos yeux le fantôme de l'invasion allemande, comme s'il y avait un péril sérieux dans la réunion de 28 millions d'Allemands. »

Faut-il rappeler ce que les amis de Gambetta disaient encore *la veille même de l'invasion ?*

« Il faut supprimer entièrement l'armée, disait le citoyen Picard, et la remplacer par la garde nationale, qui est la véritable force de la nation .... »

« L'esprit militaire, c'est l'esprit prétorien, disait le citoyen Pelletan. La discipline tue le citoyen ! Jusqu'au dernier jour, nous nous opposerons à ces préparatifs insensés !... »

« Il ne faut plus de soldats, disait Glais-Bizoin. Si vous désarmez, la Prusse sera forcée de le faire, et tout danger disparaîtra pour la France !... »

« Le ministre demande encore quatre cent mille hommes, disait le citoyen de Kératry. Pourquoi une si grosse armée ? La Confédération du Nord se compose seulement de trois cent mille hommes. On a réduit le recrutement de notre armée à quatre-vingt-dix mille hommes. Cette réduction ne nous suffit pas encore... »

« Pourquoi tous ces préparatifs ? s'écrie Jules Favre. Veut-on décréter que la France ne sera plus qu'une vaste caserne ? Le gouvernement ose nous dire qu'il faut qu'elle soit armée comme ses voisins ; qu'elle ait dans ses magasins des monceaux de poudre et de mitraille !.. Ma conscience proteste contre de semblables propositions. Tout cela, c'est de l'ancienne politique, mais pas de la *politique d'abandon. Que craint-on ?* Pourquoi promener constamment devant la Chambre le fantôme de ces 40 millions d'Allemands, suivis bientôt d'un autre fantôme : le spectre rouge !... »

« Pourquoi tous ces préparatifs ? s'écriait encore Jules Favre. Nos véritables alliés, ce sont les idées ; c'est la sagesse et la justice ! »

« C'est une loi impitoyable que le gouvernement ose nous présenter, disait le citoyen Jules Simon ; les armées permanentes sont à jamais jugées et condamnées ; l'avenir appartient à la démocratie en armes. *On nous rendra cette justice que toutes les fois qu'il a été question d'organiser la paix armée on nous a trouvés en travers de toutes les mesures proposées par le gouvernement.* »

« Qu'est-ce que la force matérielle, dit le citoyen Garnier-Pagès! Si la Prusse nous attaque, nous répondrons par la levée en masse, comme nos pères en 92!.. »

Tous, tous! Il n'en a pas manqué un : Jules Favre, Pelletan, Gambetta, Garnier-Pagès, Kératry, Arago, Picard, Glais-Bizoin, Jules Simon, ont déclaré, *la veille même de l'invasion*, avec cette profondeur de vues qu'on leur connaît et ce patriotisme qui ne se dément jamais, que la France était trop forte, que les armées permanentes étaient inutiles, que la Prusse n'était pas menaçante, et que c'était l'heure de désarmer!

Peuvent-ils s'étonner aujourd'hui que la France ait été démembrée, eux qui faisaient si bon marché de sa grandeur et de ses frontières? Lisez encore et jugez leur patriotisme !

« Qu'est-ce que la force matérielle, disait le citoyen Garnier-Pagès? *Les armées, les rivières, les montagnes, les forteresses ont fait leur temps.* La vraie frontière, c'est le patriotisme... Défions-nous de la discipline, elle tue le citoyen dans le soldat. »

Il est certain qu'aujourd'hui les montagnes des Vosges, les rives du Rhin et les forteresses de Metz et Strasbourg ont, hélas! fait leur temps pour nous. Mais si, vraiment, nous ne devions avoir pour frontières que le patriotisme de ces rhéteurs dangereux, et pour alliés que les idées de sagesse et de justice telles que leurs amis nous les ont montrées pendant la Commune, il faudrait désespérer de l'avenir de notre malheureuse patrie !

Voilà donc l'école à laquelle appartenait Gambetta, celle dont il allait appliquer les dissolvantes théories !

Aussi voyez comme il oublie l'invasion et la défense nationale pour façonner la France à ses doctrines ! Un de ses premiers actes est de créer, sous le nom de *Bulletin de la République*, une ignoble feuille périodique destinée à l'émancipation du peuple et à son initiation à la morale indépendante. Ce BULLETIN, dont les premiers numéros publièrent les aventures galantes de l'ex-empereur, devait devenir la base de l'enseignement public. La folie était si grande qu'on ne voudrait pas y croire si nous ne pouvions donner des preuves.

Après avoir expliqué les mesures qui devaient être prises pour faire parvenir et placarder dans toutes les communes le précieux *Bulletin*, le ministre continuait :

« Pour assurer au *Bulletin de la République* une publicité plus certaine et plus efficace, j'ai adopté la résolution suivante :

« Tous les dimanches, obligatoirement, et même plusieurs fois dans le cours de la semaine, s'il se peut, l'instituteur de chaque commune devra lire aux habitants réunis, soit à la mairie, soit dans l'école, les principaux articles insérés au *Bulletin de la république*. Les popula-

tions devront être prévenues du lieu, du jour et de l'heure
choisis pour ces lectures. L'instituteur s'attachera particu-
lièrement à donner connaissance des articles de doctrine
ou d'histoire, dont la rédaction a pour objet d'éclairer l'esprit du peuple, de lui enseigner ses droits politiques et
sociaux aussi bien que les devoirs qui en sont le corol-
laire, et de démontrer cette vérité essentielle que la république seule peut assurer, par ses institutions, la liberté,
la grandeur et l'avenir de la France.

« Je n'ai pas besoin de faire ressortir la haute importance de cette propagande éminemment moralisatrice.
Pendant vingt ans, l'empire a systématiquement travaillé
à entretenir le peuple dans l'ignorance et à le corrompre,
afin d'en faire l'instrument de son despotisme. C'est à
nous de relever l'âme de la nation, d'y développer les
idées de justice et d'indépendance, le sentiment du patriotisme, les vertus civiques, et de prévenir, par cette
régénération intellectuelle et morale, le retour des la-
mentables catastrophes qui accablent en ce moment la
patrie.

« Je ne puis donc que vous inviter à vous concerter
immédiatement avec les autorités chargées de représenter
l'instruction publique, pour que les maires et les institu-
teurs reçoivent sans aucun retard toutes les instructions
utiles à ce sujet.

« Vous me ferez part, d'une manière spéciale, de la
suite qui aura été donnée à la présente circulaire. »


Voyez d'ailleurs avec quel tact politique, avec
quel sentiment de la situation il désigne les hommes
qui devront l'aider à sauver la France. Il ne choisit
pas; il prend en masse les anciens habitués du café
de Madrid : Antonin Spuller, dont il fait son chef
de cabinet; *Pipe-en-Bois,* condamné plus tard à la

déportation, devient son secrétaire ; Ranc, exilé à la suite du complot de l'Opéra-Comique, en 1854, et plus tard membre de la Commune, est nommé *Directeur de la sûreté générale* ; Albert Brun devient secrétaire de Clément Laurier ; puis Gustave Isambert et tous les absinthiers du boulevard Montmartre. A ces illustrations politiques il adjoint un ingénieur, M. de Freycinet, *qu'il charge de l'organisation des armées et des opérations de la guerre !*

La France possédait encore d'immenses ressources, suffisantes pour ramener la victoire sous ses drapeaux. En moins de quinze jours, on pouvait réunir et mettre en ligne 120,000 hommes de vieilles troupes, qu'auraient données la marine, la gendarmerie, l'armée d'Afrique, celle de Lyon, la légion étrangère, et qui eussent pu arriver à temps pour débloquer Strasbourg et secourir Metz.

Pour organiser de nouvelles armées les hommes ne manquaient pas : les dépôts des dernières classes et la mobile les fournissaient en nombre suffisant ; on pouvait organiser 5 à 600,000 hommes sans recourir à des mesures extraordinaires.

Il fallait reconstituer les cadres, éloigner les officiers incapables, choisir des généraux instruits ; il importait par-dessus tout de rétablir la discipline et de maintenir la hiérarchie.

Mais tout cela s'accordait mal avec les utopies politiques et les visées ambitieuses de Gambetta.

Dès les premiers jours de sa dictature, il manifesta le dessein arrêté de changer de fond en comble l'organisation militaire.

Redoutant l'influence d'un généralissime ou d'un comité supérieur de la guerre, qui eût donné de l'ensemble aux opérations militaires, il voulut être lui-même le généralissime, et pour rendre plus facile son omnipotence sur les généraux, il les dispersa aux quatre points cardinaux, au risque de les faire écraser par les habiles tacticiens de l'empereur allemand.

Il affecta d'humilier les officiers, qui se virent placés sous la direction de fonctionnaires civils. Il mit en suspicion les généraux, et sema ainsi la défiance dans l'armée pour récolter bientôt l'indiscipline.

Les officiers les plus capables et les plus braves n'eurent plus d'action sur leurs soldats. Les généraux en chef, livrés aux caprices du jeune dictateur, n'eurent plus d'autorité suffisante sur l'armée; ils ne furent jamais certains, au moment de l'action, de pouvoir compter sur la fermeté de leurs troupes.

Comment une armée qui voit frapper tour à tour, comme coupables d'impéritie ou suspects de trahison, les chefs qu'on lui a donnés quelques jours auparavant, pourrait-elle donner encore à ceux qui les remplacent l'obéissance absolue, sans laquelle il n'y a pas de victoire possible?

Nous avions trois mois de répit; c'était plus qu'il ne fallait pour organiser une armée solide et redoutable. Les éléments ne manquaient pas : ils ne demandaient qu'à être réunis, disciplinés. L'avocat chargé de la direction de la guerre préféra lever d'énormes quantités d'hommes qu'il ne put ni armer, ni équiper, ni nourrir. Il détruisit la confiance du soldat par des destitutions sans motif, bientôt suivies de réhabilitations sans effet. Il fit des chefs d'armée avec des journalistes de troisième ordre. Il blessa la conscience nationale en prenant des chefs militaires dans les personnages du *Malade imaginaire*. Il confia la surveillance de nos armées à des aventuriers politiques qui parlaient du matin au soir de faire des pactes avec la mort, et qui n'en firent qu'avec leurs appointements.

*<br>* *

L'insuccès de la bataille d'Arthenay et la prise d'Orléans furent la conséquence de cette mauvaise administration. Les troupes, rassemblées à la hâte, à peine formées, mal équipées, mal armées, que le général de La Motterouge dut opposer aux Bavarois ne purent leur résister. Il fallut repasser la Loire.

Le général d'Aurelles de Paladine prit alors le commandement. Si la France, quelques semaines plus tard, put mettre en ligne une armée sur la Loire, c'est à ce général qu'elle le dut ; c'est lui qui reconstitua cette armée, autant qu'elle pouvait être reconstituée, après la défaite d'Arthenay, qui y rétablit la discipline, qui fit un tout plus ou moins homogène, plus ou moins solide avec les éléments disparates et insuffisants mis à sa disposition.

Malheureusement, le bouillant dictateur fut le mauvais génie de cette armée. Impatient de livrer une bataille et d'obtenir un succès qui jetât un lustre sur la République, il ordonna au général d'Aurelles d'ouvrir la campagne quand son œuvre d'organisation était à peine achevée. L'armée traversa donc la Loire, et se tint prête à prendre l'offensive.

Le plan imposé au général d'Aurelles était à coup sûr le plus mal combiné, le plus contraire à toute idée stratégique qu'on pût imaginer. Les forces allemandes occupaient Orléans et Chartres; quelques corps de peu d'importance parcouraient la campagne. Amiens, Rouen, Évreux étaient encore en notre pouvoir; des troupes peu nombreuses et fatiguées formaient à Beauvais, Gournay, Gisors et Mantes la seconde ligne d'investissement. Les corps d'armée qui avaient pris part au siége de Metz étaient encore loin. Il fallait, pour réussir, prendre l'offensive sur tous les points en prenant Mantes pour objectif. L'armée du Nord, que Bourbaki réorganisait, devait tenir en échec l'armée qu'amenait Manteuffel; pendant ce temps, l'armée de la Loire, renforcée de tout ce qui pouvait être disponible au Mans et ailleurs, et divisée en plusieurs corps, se serait portée sur Orléans, pour appuyer sa droite à la Loire et se couvrir contre un mouvement tournant, mais aussi et principalement sur Chartres et Mantes. C'est à Mantes, à cinquante-huit kilomètres de Paris, qu'il fallait aborder la vallée de la Seine, et de là, couvert sur la gauche par le fleuve, protégé au besoin par des canonnières, se diriger sur Paris, dont la citadelle du Mont-Valérien, bâtie précisément sur le bord de la Seine, faciliterait les approches. Surtout, après avoir préparé la campagne avec toute la discrétion possible, pour ne pas donner l'éveil à l'ennemi, il fallait conduire les opérations avec une extrême rapidité pour ne pas laisser au prince Frédéric-Charles le temps d'arriver sur le champ de bataille avec les troupes qu'il amenait de Metz.

L'ennemi pensait si bien que nous opérerions d'une manière semblable, qu'un de ses premiers mouvements fut de s'empresser de nous barrer le chemin de la Seine. C'est dans ce but que le grand-duc de Mecklembourg marcha de Dreux sur le Mans.

Les conceptions de Gambetta n'étaient pas si vastes ; c'est d'Orléans seul qu'il prétendait faire sa base d'opérations ; on prétend même que le général Fiéreck, l'ayant prévenu qu'il pouvait surprendre et enlever Chartres, aurait reçu l'injonction formelle de s'abstenir de toute tentative sur ce point.

2.

Orléans était, à coup sûr, la plus mauvaise position qu'on pût choisir; jamais un général ayant quelques notions de l'art de la guerre ne serait venu se jeter dans une ville ouverte, située à l'angle formé par un fleuve, ayant le fleuve à dos, pouvant être tournée de presque tous les côtés et éloignée de Paris de cent vingt-et-un kilomètres, le but que l'on voulait atteindre. C'est néanmoins sur cette position, si défectueuse à tous les points de vue, que l'on dirigea tous les efforts et que furent concentrées toutes les troupes dont on disposait, faute impardonnable, qui seule pouvait entraîner l'insuccès de la campagne.

Après le brillant fait d'armes de Coulmiers, qui avait délivré Orléans et laissé à notre armée victorieuse le chemin à peu près libre de Paris, toute la France s'attendait à une marche en avant de l'armée de la Loire. C'était le projet du général d'Aurelles. qui reconnaissait qu'il n'y avait pas un instant à perdre, puisque l'armée de Frédéric-Charles n'était plus qu'à huit jours de marche. Si ce projet eût été exécuté, Paris pouvait être sauvé.

Mais l'avocat qui dirigeait les opérations militaires et ses stratégistes de club et de cabaret en jugèrent autrement. Sous prétexte que nous n'étions pas encore assez bien préparés, et que d'ailleurs *il fallait couvrir la Délégation de Tours*, ils s'opposèrent à l'éloignement de l'armée.

On sait ce qui arriva : les armées de Frédéric-

Charles et de Mecklembourg firent leur jonction avec les débris de celle de Thann, et après plusieurs combats meurtriers, livrés les 2 et 3 décembre, elles refoulèrent nos troupes devant Orléans.

Le péril était imminent, l'armée de la Loire pouvait être enveloppée et réduite à mettre bas les armes.

Mais le général d'Aurelles sut éviter la faute que Bazaine avait commise à Metz, et celle de Napoléon I<sup>er</sup> à Leipsick, dans des circonstances presque identiques : il évacua Orléans assez à temps et sauva son armée entière et libre avec son artillerie et ses parcs.

Cette retraite était si clairement commandée par la situation, que le *Times* de Londres *du 1<sup>er</sup> décembre*, dans un article sur nos opérations militaires, concluait en ces termes :

« Nous devons accorder au vainqueur de Coulmiers assez de prévoyance pour supposer qu'il saura modifier sa position par une retraite opportune, avant qu'elle ne devienne absolument intenable. Cependant, la reddition en masse a été tant de fois le lot des armées françaises dans le cours de cette guerre fatale, que l'on devra considérer d'Aurelles comme ayant bien mérité de son pays, si Orléans ne renouvelle pas l'histoire de Sedan et de Metz. »

Gambetta ne fut pas de l'avis de tous les tacticiens, de tous les hommes de sens.

D'ailleurs, il avait adressé la veille à la France une proclamation lyrique qui promettait un tout autre résultat. Pour ne pas reconnaître qu'il avait déclamé trop vite et trop haut, il incrimina cruellement la conduite du général d'Aurelles.

La dépêche qui annonça la retraite de l'armée de la Loire, rédigée avec un art perfide, contenait des insinuations blessantes sur le caractère et la capacité de ce général, et allait même au delà. Le public ne manqua pas de le comprendre ainsi, et d'y voir une de ces banales accusations de trahison qui couraient toutes les bouches depuis le commencement de la guerre, en démoralisant l'esprit public, et qui fournissaient une explication si commode et une si utile excuse à tous nos revers.

Un décret releva le général d'Aurelles de ses fonctions et déféra sa conduite à une commission militaire composée du général de Barral, de l'intendant général Robert et du préfet Ricard.

En rejetant ainsi sur le commandant en chef la responsabilité des faits accomplis, Gambetta trompait l'opinion publique. Nous en trouvons la preuve dans la note officielle qu'il avait publiée quelques jours auparavant :

« L'armée de la Loire a commencé le mouvement général qui avait été concerté le 30 novembre au soir au quartier général, *en vertu d'instructions émanées du ministère de la guerre.* »

Après l'évacuation d'Orléans, l'armée de la Loire se trouva divisée en deux corps : l'un qui avait passé la Loire, se dirigeant sur Bourges ; et l'autre qui était resté sur la rive droite, prenant la direction de Vendôme et du Mans.

Le premier corps se reforma à Bourges, sous les ordres de Bourbaki ; le second, sous les ordres de Chanzy, fit une habile retraite sur le Mans.

Après vingt-cinq jours de retraite et de reformation, ces deux corps, au lieu de se réunir pour se prêter un mutuel appui et combiner ensemble leurs mouvements sur Paris, restèrent séparés, *par ordre du ministre de la guerre* ; et quand Paris attendait avec une impatience fiévreuse les armées de secours, Gambetta faisait diriger la première armée sur Belfort et laissait la seconde hors d'état de soutenir une lutte sérieuse avec l'ennemi.

Aller au secours de Belfort, couper de ce côté les communications de l'ennemi ; défendre le Mans et conserver les communications avec les départements de l'Ouest et du Midi, c'eût été sans doute obtenir d'excellents résultats ; mais Paris qui soutenait le choc de l'ennemi depuis quatre mois, Paris qui était menacé de mourir de faim et devait incessamment capituler, c'était lui qu'il fallait secourir au plus vite, c'était à lui seul qu'il fallait penser ; il n'y avait pas alors un instant à perdre !

Au lieu de se morfondre dans les gorges du Jura et du Doubs, couvertes de neige et de verglas, si l'armée de Bourbaki eût été réunie à celle de Chanzy, et si les deux, formant ensemble un effectif de 300,000 hommes, se fussent dirigées sur Paris, la combinaison n'eût-elle pas été plus heureuse? N'était-elle pas commandée par le simple bon sens et le vrai patriotisme?

Les attaques dirigées alors contre le général Trochu par *le Siècle*, organe avéré de Gambetta, firent craindre que notre avocat guerrier n'eût renoncé, *de parti pris*, à dégager Paris, dont la chute devait le débarrasser d'un compétiteur à la présidence de la République. Dans quel but les partisans de la Dictature osaient-ils dire que la France était impuissante à délivrer la capitale; que c'était aux assiégés à briser eux-mêmes les lignes d'investissement et à sauver la province? Ce fut là, on ne l'a pas oublié, le thème que les feuilles officielles et officieuses ne cessèrent de développer. On ajoutait, pour rendre une semblable théorie quelque peu vraisemblable, que le cercle formé par l'ennemi s'était considérablement aminci par le départ de nombreux renforts expédiés aux armées de Manteuffel, de Frédéric-Charles et de Werder.

L'événement montra d'une manière terrible à quel point les amis politiques de Gambetta avaient égaré l'opinion. L'effectif de l'armée assiégeante, on le sait à n'en plus douter aujourd'hui, n'était nullement diminué; pour emprunter les termes mêmes de la proclamation du gouvernement, « les ouvrages des Allemands, leur nombre, leur artillerie, rendaient leurs lignes infranchissables. » L'issue malheureuse de la sortie du 19 janvier prouva une fois de plus que Paris était dans l'impossibilité de se débloquer.

La défense de Paris devait aboutir à un succès infaillible si une armée formée en province, bien constituée, bien armée, bien dirigée, avait pu s'avancer à quelques kilomètres des lignes d'investissement. L'héroïsme de la population parisienne, en prolongeant la résistance au delà de tout ce qu'on pouvait espérer, avait laissé à la délégation le temps nécessaire pour obtenir ce résultat.

Gambetta perdit tout par son imprévoyance et son incapacité.

Comment excuser aussi ces étranges messages qu'il expédiait à Paris pour dissimuler ses fautes, et dans lesquels il transformait ses défaites en victoires ? Ces informations inexactes surexcitaient l'espoir des assiégés qui, persuadés, suivant les circonstances, qu'Aurelles, Bourbaki, Chanzy, Faidherbe n'étaient plus qu'à quelques kilomètres des murs de la place, s'obstinaient dans un sens ou dans l'autre pour aller au-devant de prétendus libérateurs qui n'arrivaient jamais.

C'est ainsi qu'après la grande sortie de la Marne, on en tenta une moins importante du côté de Drancy et de la Ville Évrard, au moment où le bruit se répandit dans Paris que Faidherbe avait remporté vers Creil une victoire décisive.

La prise du plateau d'Avron, puis le bombardement des forts et de la ville ne purent dissiper les illusions qu'entretenaient les renseignements fournis par Gambetta. On allait jusqu'à s'imaginer, on écrivait dans certains journaux, que les formidables détonations des batteries prussiennes n'avaient d'autre but que d'empêcher les Parisiens d'entendre la canonnade des armées de secours.

Quelle responsabilité n'encourait pas ce faux homme de guerre en trompant ainsi une ville affamée et malheureuse qui sentait ses forces s'épuiser de jour en jour, et à laquelle il promettait une délivrance pour laquelle, sciemment et de parti pris, il ne ferait rien !

L'armée de la Loire, affaiblie par la formation de l'armée de l'Est, ne pouvait tenir tête aux troupes réunies de Frédéric-Charles, de Mecklembourg et de Thann. Disputant le terrain pied à pied avec une indomptable énergie, Chanzy fit alors cette habile retraite sur Vendôme et le Mans qui conserva à la France sa principale armée.

Mais une cruelle déception attendait ce général à son arrivée dans cette dernière ville. Gambetta lui avait annoncé qu'il y trouverait un renfort de 40 à 50,000 hommes provenant du camp de Conlie, et il n'y trouva que de pauvres victimes vouées sans pitié, depuis plusieurs mois, à toutes les privations, à toutes les souffrances, et à qui on n'avait pas même appris à charger un fusil.

La défaite du Mans, attribuée en partie aux mobilisés bretons, fut l'œuvre de ce que l'histoire flétrira sous le nom de folie du camp de Conlie.

On ne saurait imaginer tout ce qui avait été dépensé de cruelle ineptie pour transformer en fuyards, en déserteurs et en lâches, ces énergiques Bretons.

Sait-on que, couchés ou plutôt ensevelis dans la boue ou la neige, sans autre vêtement qu'une blouse de serge brûlée, sans une chemise de rechange, les mobilisés Bretons ne recevaient que deux petites bottes de paille pour huit hommes, et cette paille, promptement réduite en fumier, servait, sans être renouvelée, pendant plusieurs semaines?

Sait-on que ces tortures s'étaient prolongées plus d'un mois dans ce camp, et que le quart des compagnies nombreuses qui les avaient subies a péri plus tard ; si bien que les épidémies terribles qui ont décimé longtemps la Bretagne n'avaient pas d'autre origine ?

Sait-on que lorsqu'un bataillon changeait de campement, il restait quelquefois vingt-quatre heures et plus sans manger : non que les vivres manquassent, ils abondaient au contraire, mais parce que, en pleine sécurité, loin de l'ennemi, l'Intendance de Gambetta, les mains pleines d'or, ne trouvait pas moyen d'approvisionner ces troupes ?

Sait-on que les armes, même mauvaises, manquaient, et que dans ce camp d'instruction il n'avait été brûlé de poudre que celle qui avait salué, impérialement, sur le théâtre même de leurs exploits, Gambetta et Glais-Bizoin, organisateurs d'une si belle œuvre?

Des hommes capables de souffrir si cruellement, et de souffrir comme ils l'ont fait, sans un murmure, étaient des braves. Mais il était impossible que, dans l'atmosphère de désordre et d'impéritie où on les retenait, leur courage eût été autre chose que de la résignation, et qu'ils n'en fussent pas venus à se considérer moins comme des soldats que comme des victimes.

L'armée de Chanzy ne put donc tenir contre les forces énormes que les Prussiens avaient massées autour du Mans. Après trois jours de combats malheureux, cette armée décimée dut abandonner le Mans et se replier en désordre sur Laval, où elle essayait de se reformer lorsque la paix fut signée.

* * *

Nul désastre ne surprit plus douloureusement la France que celui de l'armée de Bourbaki. Mais quand on sut par quel acte de désespoir ce soldat courageux et intelligent avait voulu se punir d'un échèc qui achevait de ruiner les dernières espérances de la France, on comprit que cette fois, au moins, on ne pourrait attribuer à la trahison cette infortune nouvelle. Bourbaki exécutait un plan qui n'était point le sien; il obéissait au ministre de la guerre, qui s'était réservé obstinément la direction des mouvements combinés de nos armées.

Cette entreprise devait mener presque fatalement la France à une catastrophe.

D'une part, comme nous l'avons dit, elle avait rendu critique la position de Chanzy par l'abandon de la rive gauche de la Loire au moment même où Frédéric-Charles devenait plus menaçant.

D'autre part, le grand effort de Bourbaki dans l'Est ne pouvait réussir qu'autant qu'il serait appuyé sérieusement par le corps d'armée qu'on avait confié si légèrement à Garibaldi, et que ce dernier entraverait la marche des corps prussiens qui allaient se porter au secours de Werder.

La marche stratégique de Bourbaki fut marquée par des combinaisons savantes, et, si la fortune des armes tourna contre lui, ce ne fut pas sans que ce général et son armée eussent acquis des titres à l'estime du pays.

L'armée de Werder, déjà renforcée par les contingents venus de Prusse, les divisions de Zastrow et les colonnes échelonnées dans l'Est, exécutait une marche de flanc, à l'est de Vesoul, pour couvrir les troupes allemandes qui assiégeaient Belfort, lorsque Bourbaki tenta de couper le centre de ses colonnes à Villersexel.

La bataille de Villersexel fut glorieuse pour nos

armes, mais elle ne nous ouvrit pas le passage sur Belfort. Ce fut alors que Bourbaki s'avança résolument à l'est sur Montbéliard en suivant la route d'Arcey et de Sainte-Marie.

A douze ou quinze kilomètres de Belfort coule, dans la direction du sud-est, la petite rivière de la Lisarne. C'est sur les rives mêmes de ce cours d'eau, à Chagey et Luze, que furent livrés par nos troupes de nouveaux et glorieux combats, les 15 et 16 janvier.

Plusieurs villages furent successivement occupés par nos soldats dans ces premières journées et, le 17, Bourbaki dirigea une attaque générale contre les positions importantes que l'ennemi occupait à Héricourt, sur les hauteurs qui dominent le cours de la Lisarne.

L'élan de nos soldats fut admirable ; mais les batteries prussiennes, masquées par l'épaisseur des bois, foudroyèrent nos colonnes et les empêchèrent d'aborder les lignes ennemies.

Trois fois, nos jeunes mobiles, à peine vêtus contre le froid, mal chaussés, n'ayant mangé depuis vingt-quatre heures que quelques bribes de biscuit, descendirent à découvert, sur des pentes neigeuses, jusqu'à la Lisarne et s'élancèrent à l'escalade des retranchements prussiens ; ils furent décimés par l'artillerie ennemie et trouvèrent un obstacle invincible.

N'admirez-vous pas le courage de ces jeunes gens,

arrachés la veille au foyer domestique, et qu'a osé traiter de lâches un dictateur en goguette qui s'était imaginé que la victoire devait s'organiser avec des déclamations emphatiques !

Bourbaki voulut entraîner ses mobiles à une quatrième attaque, mais cette fois ces jeunes gens s'y refusèrent en demandant du pain et de meilleures armes.

Accablé par cette résistance trop motivée, le brave commandant de l'armée de l'Est dut renoncer à tout espoir de succès et ordonner la retraite.

Ce fut pendant cette opération, toujours si difficile avec de jeunes troupes, en face de l'ennemi victorieux et renforcé, que Bourbaki reçut le coup de grâce, le coup de pied de Gambetta. Selon son habitude, l'avocat-ministre de la guerre, bien vêtu, bien nourri, bien tranquille au coin de son feu, rejetait les conséquences de son ineptie vaniteuse sur le brave soldat qui se battait en désespéré. Il lui reprochait télégraphiquement de ne pas avoir encore exterminé les Prussiens, et de préparer ainsi de nouveaux désastres, peut-être quelque trahison.

Au même instant, Bourbaki apprenait que Garibaldi, chargé de veiller à la sûreté de sa base d'opération, les chemins de fer de Belfort à Lyon, venait de laisser couper ces deux voies de communication par une partie de l'armée de Manteuffel, qui était entrée sans coup férir à Dôle, le 21 janvier, pendant qu'une de ses brigades amusait le vieux chef de partisans par une fantasia autour de Dijon. C'en fut trop pour le brave commandant de l'armée de l'Est, qui, moins ferme que le général d'Aurelles contre les coups du sort et de la sottise, essaya de s'ôter la vie que les boulets avaient respectée.

On sait ce que devint notre armée de l'Est, privée de sa ligne de retraite par l'incapacité d'un condottiere étranger, qui avait pour chef d'état-major un apothicaire improvisé général par l'omnipotence militaire d'un avocat.

Poursuivis par Werder, bloqués par Manteuffel, 80,000 hommes de cette malheureuse armée, torturés par la faim, le froid, la fatigue et le désespoir, pendant de cruelles étapes de jour et de nuit sur les cols du Jura, que couvrait un mètre de neige, ou dans les déserts glacés des vallées des Rousses et de Dappes, trouvèrent enfin un refuge en Suisse.

Pendant que cette catastrophe se consommait à vingt lieues de Dijon, par l'ineptie de Garibaldi, ce naïf capitaine de la République universelle continuait, le 20, le 21, le 22 et le 23 janvier, à triompher devant cette ville de la fantasia avec laquelle Manteuffel s'amusait à jeter de la poudre aux yeux de sa dupe. — Le 25 au soir, après l'accomplissement de ce chef-d'œuvre stratégique qui coûtait à la France une de ses armées, le glorieux Garibaldi adressait à ses soldats et à lui-même cette congratulation, monument impérissable d'idiotisme militaire :

« Eh bien! vous les avez *revus, les talons* des terribles
soldats de Guillaume, jeunes fils de la liberté ... Vous
avez écrit une page glorieuse pour les annales de la République. Vous avez vaincu les troupes les plus aguerries du
monde.... Et cependant vous n'avez pas assez exactement
rempli les règles de la tactique des tirailleurs! »

Quelques jours plus tard, Gambetta annonça à la
France la *retraite heureuse* de l'armée de l'Est et
les *glorieuses victoires* de Garibaldi !

*<br>* *

L'armée du Nord ne fut pas plus heureuse. Organisée par Bourbaki, elle allait entrer en campagne,
lorsque Gambetta lui enleva son commandant en
chef et le remplaça par Faidherbe.

Cette armée avait pour objectif de tenir en échec
l'armée de Manteuffel, pour empêcher l'envahisse-
ment des départements du nord et du nord-ouest.

Malgré les combats honorables qu'elle soutint à
Demuin, à Villers-Bretonneux, à Boves et à Ba-
paume, elle ne put défendre Amiens ni empêcher
l'invasion de la Picardie et de la Normandie.

Sans apprécier ici les opérations militaires du
général Faidherbe pendant cette campagne, nous
devons constater que la part trop active qu'il prit à
nos divisions intérieures dans ces circonstances

douloureuses ne put qu'affaiblir les ressources de
l'homme de guerre, en même temps que sa connivence avec Gambetta ajoutait un nouveau danger
aux malheurs du pays.

*
* *

Aussi pitoyable organisateur que mauvais stra-
tégiste, Gambetta semblait avoir pris à tâche de
déconsidérer notre armée, d'y établir le chaos et de
gaspiller nos immenses ressources.

Pendant que ses journaux attaquaient le défen-
seur de Paris, l'avocat-ministre de la guerre, sans
souci des périls de la France, frappait tour à tour
les généraux qui possédaient la confiance de l'armée.

Il sacrifiait les généraux Cambriels et Michel à
Garibaldi, ce grotesque *fétiche* qui était venu faire
en France l'application de son système d'embau-
chage européen pour l'extinction de la papauté, du
christianisme, *experimentum in anima vili.*

Il destituait les généraux La Motterouge, d'Aurelles, et ce général Martin des Pallières, dont la conduite avait été si héroïque à Bazeilles et ailleurs.

Il humiliait et décourageait Bourbaki.

Par arrêté du 14 décembre, il privait le général

de division Sol de son commandement, *pour avoir évacué trop précipitamment la ville de Tours !*

Le même jour, le général Morandy était mis en non-activité, *pour incapacité dans le commandement !*

Quels furent donc les grands hommes de guerre à qui Gambetta confia le salut de la France?

Nous eûmes d'abord la honte de paraître les obligés d'une sorte de don Quichotte italien, qui causa la perte de notre armée de l'Est et fit de notre pays le théâtre de ses expériences désorganisatrices, le point de départ de ses équipées, l'officine où entrèrent en fusion tous les éléments de révolte, de destruction et de ruine qui devaient bientôt aboutir à la Commune et aux exploits des pétroleurs.

Puis nous eûmes les journalistes improvisés généraux de division : Lissagaray, Perrin, etc., sans parler de ceux qui, moins radicalement étrangers à l'armée, n'avaient jamais dépassé le grade de capitaine, tels que les généraux Détroyat, Vergne, Kératry, Carré-Kérisouet, Pélissier, etc.

L'exemple du jeune dictateur fut contagieux. A Valence, une poignée de Jacobins ayant forcé le général d'Azémar, qui y commandait, à donner sa démission, le préfet nomma immédiatement à sa place..... un charpentier !

Peut-être ce charpentier était-il du bois dont on fait les généraux. Ce ne fut pas l'avis des habitants de Valence, qui eussent préféré peut-être un menuisier ou un ébéniste (1).

*
* *

Ce qui manquait à la France pour la délivrer des Prussiens, ce n'était pas le nombre d'hommes non mariés, en état de défendre leur pays envahi, c'était une bonne organisation, qui, après les avoir classés par catégories, étagés par bans successifs, ne les eût appelés graduellement qu'en raison des *existences* en armes, sacs, bidons, tentes, habillements, vivres. Plus la guerre est préjudiciable au travail des champs et des ateliers, et plus il importe de n'arracher les bras à leur travail qu'à la dernière extrémité. Agir autrement, ce n'est pas seulement détruire la fortune du pays, c'est aussi gaspiller ses ressources en hommes, comptant à l'effectif et ne faisant aucun service.

Les circonstances graves où se trouvait la France ne dispensaient pas de la méthode et de l'ordre. Au

(1) En 1848, un menuisier ayant été nanti d'une sous-préfecture, les habitants se plaignirent à M. Dupin d'un pareil choix. « Ah! leur dit le spirituel député, je comprends votre réclamation : vous auriez voulu un ébéniste; mais on les garde pour les préfectures! »

contraire, elles les rendaient plus impérieusement nécessaires, car les difficultés les plus sérieuses n'apparaissent qu'à partir du jour où l'argent vient à manquer.

Si Gambetta n'avait pas sacrifié le salut de la France à son ambition personnelle, ne se serait-il pas attaché uniquement à armer les 500,000 mobiles qu'il avait sous la main et les deux derniers contingents de 1869 et 1870, représentant au moins 350,000 hommes, ce qui nous eût permis de mettre en ligne trois armées de 200,000 hommes, avec une réserve de 250,000, qui, attaquant l'ennemi par l'est, par l'ouest et par le sud de Paris, eussent mis les Prussiens dans une position plus que critique? Qui eût pu douter du sort final de nos armes si nous avions eu cet effectif?

Mais former une armée restreinte exigeait des qualités que l'avocat-ministre de la guerre ne possédait pas. Il fallait connaître à fond l'organisation militaire ; il fallait se dévouer en silence à une création sans éclat, se consacrer à un labeur de tous les instants, s'occuper de mille détails techniques fort peu poétiques, s'absorber dans une œuvre en apparence fort ennuyeuse et peu brillante, changer les fusils qui ne partaient pas en fusils partants, les bottes de carton en chaussures hygiéniques, assurer du pain aux soldats et créer des ambulances. Il est bien plus facile de faire chaque matin dix décrets, d'appeler tout le monde aux armes, de flatter la vanité des amis en les nommant généraux, de visiter les armées, mollement étendu dans une berline ornée de queues de renard, le cigare aux lèvres, chaussé de bottes vernies et enseveli dans ce fameux manteau de fourrures devenu légendaire. Comme c'était électrisant pour nos soldats sans habits, sans souliers, sans pain, marchant péniblement par des chemins défoncés, par un temps horrible!

Un décret de Gambetta, du 2 novembre 1870, mobilisa donc tous les hommes de 21 à 40 ans.

Un second décret, du 25 du même mois, divisa la France en onze camps et organisa la *réquisition directe sur les personnes et sur les choses* pour les besoins de ces camps.

Quatre camps devaient contenir 250,000 hommes chacun, soit un million d'hommes; puis sept camps contenir 60,000 soldats, soit 420,000. Ainsi tous les camps réunis devaient avoir 1,400,000 hommes, indépendamment des régiments de dépôt et des corps en campagne, ce qui devait produire un chiffre d'environ trois millions de soldats. Avec les gardes nationaux, on approchait d'un total de 7 à 8 millions d'hommes.

Une telle folie ne se discute pas.

Au point de vue militaire, c'était absurde. Qu'on lise les remarquables mémoires du maréchal Gouvion Saint-Cyr, on verra ce qu'il pense des levées en masse et ce qu'il dit des levées d'hommes faites par la première révolution. L'éloignement transforme les faits, et l'histoire n'est pas toujours fidèle, **parce que** les hommes y ont introduit leurs passions et leurs erreurs. Ce qui sauva la France à la fin du siècle dernier, ce ne fut pas la levée en masse, ce fut ce noyau d'armée que la royauté avait légué à la république ; les fils de la révolution ne furent pas, dès le début, de bons soldats, et les conditions de la guerre étaient pourtant bien différentes de ce qu'elles sont aujourd'hui. Au point de vue militaire, la qualité des hommes en armes prime la quantité. C'est l'avis de tous les hommes compétents.

Parlerons-nous des moyens matériels que supposait le campement de deux millions de soldats ; de l'argent qu'il eût fallu pour nourrir toutes ces bouches, et des pertes que devait produire, pour la richesse générale, l'enlèvement de ces millions de bras ravis subitement à l'industrie, aux fabriques, aux travaux de la terre ?

On eût compris, puisque le dictateur voulait faire de l'arbitraire, qu'il obligeât tous les hommes qui n'étaient pas indispensables à la guerre à une augmentation d'heures de travail, afin d'augmenter les ressources de la production, de la consommation. Mais des décrets qui avaient pour effet immédiat le brusque arrêt de la fabrication et des travaux agricoles, avec la réquisition directe, c'est-à-dire la ruine générale, c'était tout simplement livrer la France à des extravagances dignes d'un pensionnaire de Charenton.

C'est vainement qu'on eût demandé des explications sur des points si essentiels. Les décrets de Gambetta n'étaient précédés d'aucun rapport, d'aucun considérant. On lisait : « L. GAMBETTA », et la France devait s'incliner.

. . . . . Moi seul, et c'est assez !

Gambetta avait cru tout prévoir par l'article final du décret du 25 novembre. Nous le reproduisons, car c'est le bouquet Le voici :

« Pour POURVOIR *aux besoins* des troupes, le commandant du camp OU SES DÉLÉGUÉS *jouiront*, toutes les fois que les circonstances le rendront nécessaire, *du droit de réquisition* DIRECTE SUR LES PERSONNÉS ET LES CHOSES ; ce droit s'exercera dans les limites de la circonscription desservie par le camp, mais il ne pourra s'étendre au delà qu'en vertu d'une autorisation spéciale du ministre de la guerre. »

Ainsi, tous les citoyens et les citoyennes, tous les petits citoyens et les petites citoyennes, majeurs ou mineurs, devaient être soumis à la réquisition *directe* du commandant des onze camps ou de ses *délégués*.

C'est vainement que vingt-quatre heures avant la réquisition du commandant on avait répondu à l'appel d'un maire, d'un préfet, d'un sous-préfet, pour payer des contributions en grains ou en nature, le commandant pouvait apparaître sur la porte de la chaumière où ne demeuraient plus qu'une femme et quelques enfants, et il fallait alors vider la huche, la grange ou l'étable. Le camp avait des besoins qu'il fallait satisfaire. Quand le mari ou les fils reviendraient estropiés de la guerre, ils referaient leur petit avoir.

Il n'y avait pas d'exceptions, pas de limites : hommes, femmes, enfants et *choses* étaient soumis à la réquisition *directe* du commandant ou *de ses délégués*.

Il n'y avait plus ni Code civil, ni lois pour protéger le citoyen français, ou la femme, ou l'enfant. Il n'existait plus qu'un décret qui commandait : il fallait obéir !

Après le décret sur la levée en masse et celui sur les réquisitions *directes* pour les besoins des camps, vint l'impôt frappé sur les communes pour l'équipement et les trois premiers mois de solde des gardes nationaux mobilisables

Cet impôt extraordinaire, éclatant comme une bombe à l'entrée de la mauvaise saison, répandit la consternation dans nos malheureuses communes. On se rappelle que la gêne et la détresse n'avaient pas attendu, pour s'accentuer, la guerre, l'invasion et la République. La sécheresse était telle que, dans certains pays, l'eau était devenue une boisson de luxe. Le manque absolu de fourrages forçait de vendre les chevaux et le bétail au tiers de leur valeur habituelle ; la maladie des vers à soie devenue chronique, l'*oïdium* remplacé par le *phylloxera*, comme Bonaparte par Gambetta, la baisse inouïe des denrées, une récolte insuffisante, l'abandon préventif des cultures, tout cet ensemble avait mis une foule de gens sur la paille bien avant le jour néfaste où l'aveuglement, la vanité, l'étourderie, la jactance et l'ineptie s'étaient cotisés pour livrer la France à la Prusse.

Remarquez que cet énorme surcroît d'impôts, DÉCRÉTÉ SANS ÊTRE VOTÉ, pour équiper, habiller et armer les mobilisables que les conseils de révision avaient jugés capables de sauver la patrie, quoique ne sachant pas faire l'exercice, n'allait porter que sur les contributions directes, et ne devait atteindre que la propriété foncière, déjà si écrasée.

Cet impôt d'équipement prenait donc la part des blessés, des convalescents, des prisonniers, des pauvres. Les bons de viande, les vêtements d'hiver, les souscriptions patriotiques, tout cela était supprimé en l'honneur de tuniques et de ceinturons qui ne devaient pas servir.

Ce qui était plus révoltant encore, c'est que ces lourdes charges n'étaient pas réparties d'une manière équitable. Certaines provinces, comme la Bretagne, l'Anjou, la Vendée, le Maine, etc., avaient déjà vu enlever, depuis plusieurs mois. toute leur population valide, quand la mobile de plusieurs départements du Midi n'était pas même complétement organisée.

Les uns avaient couru avec un élan patriotique à la défense de la France ; les autres s'étaient contentés de défendre la République, qui n'était pas attaquée.

Les uns ne mettaient aucune limite à l'abnégation, au dévouement patriotique, à la résignation avec laquelle ils se laissaient outrager chaque jour; les autres péroraient, agitaient le pays, préparaient l'avénement de la Commune, et se faisaient ainsi les auxiliaires de la Prusse.

Et tous ces jeunes gens, fine fleur de la démagogie, tous ces braillards de clubs qui, protégés par l'omnipotence de Gambetta ou de ses préfets, s'étaient soustraits aux devoirs du patriotisme en envahissant les fonctions publiques, qu'ils déshonoraient, déconsidérant en même temps l'uniforme militaire par les travestissements dont ils s'affublaient pour prêcher sans danger, comme le maître, la guerre à outrance !

La folie dictatoriale qui avait mobilisé tous les Français, malgré le manque absolu d'armes et d'organisation, ne respecta pas même les infirmes.

Un décret du 22 novembre annula les exemptions accordées par les conseils de révision pour infirmités. De quel droit l'avocat-ministre bouleversait-il ainsi la législation qui réglemente l'impôt du sang? Ignorait-il donc qu'un conseil de révision est un tribunal qui délibère et juge en public; que ses sentences ont toujours eu force de loi?

Cette mesure arbitraire et cruelle, blessante pour les conseils, douloureuse pour les familles, fut aggravée encore par la façon dont elle fut appliquée.

Les préfets se contentèrent, pour l'examen des mobilisés, d'emprunter au décret du 8 septembre 1851 le tableau des infirmités qui dispensaient du service de la garde nationale *sédentaire*, c'est-à-dire des empêchements absolus qui mettaient pour toujours hors d'état de faire *aucun service* dans ladite garde nationale *sédentaire*.

Cet appel des infirmes sous les drapeaux fut à la fois une injustice et un obstacle à la défense nationale. Par ce rude hiver de 1870-1871, les hommes trop faibles ou atteints d'infirmités n'étaient que des non-valeurs qui encombraient les hôpitaux ou entravaient la marche des armées.

*
* *

Les faits qui précèdent ont déjà démontré l'incapacité de Gambetta pour le rôle excessif qu'il avait saisi, et le préjudice que sa dictature avait causé à la défense nationale Nous allons aborder un sujet plus grave et plus triste encore, celui des dilapidations et du pillage des deniers publics, formant un douloureux contraste avec les privations de nos soldats et l'état de leur armement.

Les armes manquaient : il en fit acheter à des prix scandaleux par des personnages qu'on flatterait

en leur appliquant l'épithète d'équivoques. C'est
alors que nos malheureux soldats apprirent à con‐
naître ces fusils sans chien, ces armes qui don‐
naient 17 *ratés* sur 100, ces cartouches défectueuses
qu'ils avaient à opposer aux excellentes armes des
Allemands.

Des Français dévoués et généreux, qui habitent
les États-Unis, avaient avisé le Ministre de la guerre
du mouvement admirable qui s'y produisait en
notre faveur. Ils ne demandaient, pour nous en‐
voyer des armes et de nombreux partisans, que des
navires nolisés par la mère patrie. On ne leur ré‐
pondit rien...

Le 1er décembre, la *Ville-de-Paris* quittait New‐
York ayant à bord tout ce qu'elle pouvait emporter
de fusils, et laissait dans les docks de la Compagnie
Transatlantique trois cent cinquante caisses d'ar‐
mes destinées à la France. Ces armes y sont tou‐
jours restées.

Le désordre était tel autour de Gambetta qu'on
ne songeait même pas à utiliser les ressources de
nos propres arsenaux.

Lisez cet extrait d'un journal non suspect, le
*Phare de la Loire* de Nantes :

« Voici un fait qui prouve qu'au milieu des préoccupa‐
tions multiples sous le poids desquelles se meut pénible‐
ment la délégation de Tours, beaucoup de choses sont ou‐
bliées ou négligées, sinon par les ministres, du moins par
les bureaux.

« Cinq batteries de mitrailleuses , récemment fabri-
quées, sont depuis quinze jours environ emmagasinées
dans notre ville, en attendant des ordres d'expédition qui
n'arrivent pas. Chaque batterie comprend six pièces, six
caissons, deux chariots de batterie et une forge de campagne. Voilà donc trente pièces inutiles, dans un moment
où nos troupes en campagne ont tant besoin d'artillerie.

« Nous espérons qu'il nous suffira de signaler ce résultat d'une incurie déplorable pour qu'on se hâte d'y
mettre un terme. »

Même désordre pour l'habillement, l'équipement,
les effets de campement, les vivres et les ambulances.

Nos millions s'écoulaient par mille canaux obscurs, transformés en farines avariées, en alcools fre-
latés, en vareuses de toile d'araignée et en souliers de carton.

Malgré les sommes fabuleuses dépensées par
Gambetta, au bout de deux mois de campagne
beaucoup de mobiles n'avaient pas encore leur
équipement complet. Un grand nombre campaient
sans habits d'hiver, couchant sur la neige par un
froid de 10 degrés au-dessous de zéro. Pendant
qu'ils donnaient avec le plus louable dévouement
leur sang à la patrie, la patrie par son représentant
ne leur donnait pas les éléments indispensables à
l'entretien de leur santé et des forces nécessaires pour
aborder vigoureusement l'ennemi. La paille dans
leurs campements était distribuée avec une sordide
parcimonie, et les officiers étaient obligés d'en ré-

quisitionner eux-mêmes dans les fermes ou les auberges.

Partout la charité publique était obligée de suppléer à cette incurie et d'envoyer des bas, des gilets, des ceintures, aux mobiles et aux mobilisés qui combattaient les envahisseurs. Dans toutes les villes on ouvrait des souscriptions, on organisait des ateliers de charité. N'était-ce pas une honte de voir l'administration se reposer sur d'aussi minces efforts, quelque dévouement qui les inspirât, pour faire face à des nécessités si urgentes et si multiples ? Aussi combien de ces pauvres jeunes gens sont revenus avec les pieds gelés, ou atteints de maladies trop souvent incurables !

Rien surtout n'était déplorable comme le service de l'intendance. Aucune mesure n'était prise pour l'approvisionnement des troupes. Nous pourrions nommer un de ces pitoyables copistes de 92, à qui l'on représentait que les mobiles manquaient de pain, et qui eut la cruauté de répondre . « Du pain? Pour « se battre on n'a pas besoin de pain ; on n'a besoin « que de cartouches ! » Quelle intelligence des choses de la guerre !

C'est surtout dans le service des blessés que les hommes de Gambetta se montrèrent, non plus seulement ineptes, mais sauvages et cruels. Qu'on en juge par la lettre suivante qu'un républicain bien connu, M. Trouessart, secrétaire général de la préfecture d'Angers, *sous la dictature de Gam-*

*betta*, publia dans *le Républicain d'Indre-et-Loire* :

« Je sors indigné, navré de la gare de Tours.

« J'y ai trouvé des centaines et des centaines de blessés, grelottant de froid, de fièvre, et — faut-il le dire?— quelques uns d'entre eux mourant de faim !

« Pas un employé, pas un médecin, pas un seul infirmier !

« La plupart sont arrivés cette nuit. Combien de temps resteront-ils encore là?

« C'est horrible, c'est odieux! Tours n'a donc pas d'hôtels vastes et spacieux où ces malheureux, qui se sont battus pour tous ceux qui ont les bénéfices de la patrie, pourraient trouver asile et secours !

« Angers, d'où je viens, s'est transformé en une vaste ambulance.

« Des femmes du plus grand monde sont à chaque train à attendre les blessés. On a établi à la gare une ambulance provisoire.

« Les hommes se sont faits infirmiers; les médecins sont de service.

« Une heure après leur arrivée, les blessés sont évacués et distribués aux habitants, qui ont mis leurs appartements à la disposition des ambulances.

« Les ambulances de la gare de Tours sont beaucoup plus qu'insuffisantes ; en tous cas, comment n'y a-t-il pas de médecins pour l'arrivée des trains? Pourquoi n'organise-t-on pas des convois pour diriger les blessés sur les ambulances voisines? Pourquoi supprimer les trains, par ordre, pour l'évacuation des blessés?

« Toutes les mesures, ou plutôt le peu de mesures prises n'indiquent-elles pas la précipitation, la confusion des ordres?

« Que fait M. le préfet, qui a repris possession de sa ville? Que fait M. le maire?

« Où sont-ils? Ne devraient-ils pas venir, ne fût-ce que comme consolation, visiter de temps en temps les malheureux et leur prouver qu'on ne les oublie pas parce qu'ils ne peuvent plus être utiles?

« Ajouterons-nous que les malheureux parents sachant leurs fils blessés s'adressent en vain aux intendances pour savoir où aller les retrouver.

« Les intendances ont bien autre chose à faire, quand elles font quelque chose. »

Partout où le clergé et les particuliers n'organisèrent pas des ambulances, la position des blessés fut aussi navrante.

L'intendance ne daignait même pas prendre pour ces pauvres victimes les mesures d'humanité les plus élémentaires. C'est ainsi qu'à la suite des combats livrés dans le département de la Sarthe, on vit plusieurs fois de longues files de blessés dont la plupart n'avaient pas été pansés depuis plusieurs jours, chargés à dos de mulet ou enfermés dans les voitures d'ambulance, errer pendant *trois ou quatre heures* dans les rues du Mans ou stationner sur les places, jusqu'à ce que l'intendance se décidât enfin à les diriger sur les ambulances.

Si le service de l'intendance était si misérablement organisé dans les grandes villes où étaient réunies les ressources de l'armée, qu'on juge de l'abandon où durent se trouver nos blessés, loin des centres de population, pendant ce rigoureux hiver!

Le Gouvernement de la défense nationale avait émis un emprunt d'un milliard pour faire face aux frais de la guerre.

La Délégation emporta à Tours 150 millions provenant de cet emprunt.

Quelque temps après, la Délégation fit elle-même un premier emprunt de 100 millions à la Banque.

Puis vint l'emprunt Laurier de 250 millions souscrit à Londres.

Ces sommes se trouvant absorbées, Gambetta songea à faire des *réquisitions de billets* à la Banque de France. La résistance honorable du sous-gouverneur délégué à Tours était une entrave : on fit disparaître cette entrave en *accordant* au sous-gouverneur un congé. Un décret pourvut à son remplacement. Le choix tomba heureusement sur un homme honorable. Ce qu'il y a de plus grave, c'est qu'un autre décret, du 7 janvier, institua en même temps un conseil de régence à Bordeaux, ou que du moins il autorisa les régents de la Banque à délibérer à Bordeaux, *quel que fût leur nombre.*

Ce nombre n'était que *d'un !*

Heureusement encore que ce conseil de régence composé d'une personne fut, par hasard, très-bien composé. Ce fut M. Legrand de Villers, trésorier général de Bordeaux, qui fut à lui tout seul le conseil de régence de la Banque.

Le sous-gouverneur intérimaire et le conseil de

régence se trouvèrent alors menacés de la *réquisition* des billets de banque ou de la concurrence des *billets d'État*. Ils furent, en conséquence, obligés de céder et ouvrirent la caisse pour les besoins de Gambetta.

L'avance devait être illimitée, mais elle fut arrêtée à 400 millions par M. Picard, averti par pigeon, et la paix vint nous sauver des assignats.

Avec les marchés conclus, les dépenses extraordinaires s'élevaient à peu près à trois milliards.

Nous ne parlons pas ici des recettes de l'impôt, qui couvrirent les dépenses ordinaires.

Nous ne mentionnons aussi que pour mémoire les souscriptions qui furent imposées à chaque département, à chaque ville, à chaque commune de France, pour achat d'armes, habillement et solde des mobilisés, des gardes nationaux sédentaires, des francs-tireurs, etc., et qui atteignirent pour toute la France un chiffre énorme

L'imagination ne se perd-elle pas dans ces millions *employés* par centaines, sans qu'on ait pu souvent retrouver la trace de leur *emploi*? La France malheureuse et ruinée ne doit-elle pas exiger une enquête sérieuse? N'est-ce pas même la forme la plus adoucie de demander compte au dictateur de ses prodigalités et de ses ruineuses folies?

Est-il vrai que. lorsque nos soldats manquaient

de pain, de vêtements et de paille même dans leurs campements, Gambetta émargeait chaque mois environ 9,000 francs ?

Est-il vrai que son ami Lissagaray ait reçu 4 millions pour former un camp à Toulouse, avec intendants, sous-intendants, inspecteurs, sous-inspecteurs, officiers d'état-major, et que le trésor public ait payé les épaisses moquettes qu'il fit poser dans son palais, à quelques pas des mobilisés qui campaient dans la boue ?

Est-il vrai que les préfets, malgré les promesses d'économie, n'ont pas cessé de recevoir les mêmes traitements qu'ils trouvaient si scandaleux autrefois : soit *quarante mille francs* pour les préfectures de première classe, plus une *dizaine de mille francs* pour frais de bureau, et non compris ce qu'ils pouvaient recevoir comme *commissaires de la Défense nationale* ?

N'est-il pas vrai que les présidents civils des camps et tous les fonctionnaires de création nouvelle touchaient des traitements énormes qui leur permettaient de paraître aussi éblouissants, aussi galonnés, aussi dorés sur tranche que les plus beaux du défunt Empire ?

N'est-il pas vrai que l'état-major et les soldats de parade de Garibaldi coûtaient aussi fort cher ? Admirablement équipés, armés et chaudement vêtus, pendant que nos pauvres *moblots* grelottaient de froid dans leurs vêtements légers, ne recevaient-ils pas aussi une solde beaucoup plus élevée que celle de nos troùpes?

Quel contraste entre nos soldats manquant de tout et l'éblouissant état-major de Garibaldi, nombreux, fortement galonné, empanaché, emplumé et ressemblant à une troupe d'écuyers paradant dans un hippodrome !

Et ce chef d'état-major du héros de la *République universelle*, l'ex-apothicaire Bordone, qui avait la manie des trains spéciaux de chemin de fer et en prenait trois ou quatre par semaine, pour aller de Dôle, Autun ou Dijon à Lyon et à Avignon : 1,500 francs chaque fois pour aller, autant pour le retour !

Et ce Malicki, l'organisateur d'un corps de *Vengeurs*, recrutés parmi les rebuts de toutes les nations, à qui Gambetta avait ouvert un crédit de 300,000 francs, et que le conseil de guerre de Besançon vient de condamner à vingt ans de travaux forcés!

« Les beaux temps du Directoire sont revenus! » s'écriait le citoyen Cantagrel dans son journal l'*Union démocratique*, de Nantes, à propos du pillage des deniers de l'État.

Un journal anglais racontait que les agents français avaient payé des fusils 25 pour 100 plus cher qu'ils ne se vendaient au marché

A Bordeaux, on payait 125,000 francs une batterie d'artillerie pareille à celles qu'on fabrique pour 36,000 francs dans tous les ateliers anglais.

Les commissions d'habillement semblaient s'entendre avec les fournisseurs pour ruiner l'État. Depuis la guêtre jusqu'au képi, tout était affreusement mauvais.

On voyait journellement revenir des camps des malheureux vêtus de mauvaises tuniques qu'un court séjour à l'armée avait réduites à l'état de guenilles.

Des pantalons mal faits, mal cousus, confectionnés avec de mauvais drap, venant à peine à la cheville, se déchirant au moindre effort, brûlés par la teinture; des chemises où un enfant de quatorze ans aurait eu peine à glisser ses épaules; des caleçons microscopiques; des souliers en cuir non battu, quand les semelles n'étaient pas en carton, prenant l'eau comme une éponge, sans contreforts, s'éculant après une demi-heure de marche; des capotes si étroites qu'un homme ne pouvait s'y loger.

Partout on pilla et on dilapida les fonds publics de la façon la plus scandaleuse. Citons un exemple: A Lille, le commissaire extraordinaire de la République, nommé par Gambetta, gaspilla une somme de QUINZE MILLIONS, destinée à subvenir aux nécessités de la défense dans le département du Nord. Voici le bilan de cette gestion remarquable :

« Marchés concédés pour des prix énormes à des amis, sans la garantie de l'adjudication, comme sans le moindre respect pour les règles de la spécialité : à un filateur, la fourniture des souliers; à un marchand de fils, la fourniture des canons; à un marchand de linge de table, la fourniture de la sellerie: à un marchand de cachemires de l'Inde, la fourniture des couvertures et des fusils: à un directeur de théâtre, la remonte, etc.;

« Achat — POUR HUIT CENT MILLE FRANCS ! — de cartouches sans poudre, dont neuf sur dix rataient;

« Achat de tentes en si grande quantité, qu'on en eût pu couvrir tout l'arrondissement;

« Achat de lots considérables de havresacs à 14 fr. pièce, estimés depuis à 3 fr., tant ils étaient défectueux. »

C'étaient donc, par toute notre pauvre France, les mêmes pratiques, les mêmes manœuvres, provoquées par l'incapacité et l'incurie de l'administration, exploitées par la cupidité d'agents d'affaires tarés dont le nombre et le cynisme font faire de bien tristes réflexions sur l'état moral de notre malheureux pays!

Puisque nous parlons des gaspillages de cette odieuse dictature, disons un mot de ce fameux emprunt Laurier, souscrit à *quatre-vingt-cinq*, tandis que le *Siècle* a pu affirmer que la première maison grecque de Londres avait *vainement* offert de l'émettre à *quatre-vingt-seize*, pourvu qu'il fût justifié de son emploi pour la défense nationale!

Ce fut le 24 octobre que M. Laurier passa ce traité avec la maison Morgan, de Londres. Cette opération financière avait pour objet l'émission d'obligations de 500, 2,500, 12,500 ou 25,000 francs, remboursables en 34 ans, à partir de 1873. Ramenées au type de 500 francs, elles étaient au nombre de 500,000.

Les banquiers en prirent ferme 125,000 à 400 fr.; le surplus fut mis en souscription à Londres et en France.

La souscription française, ouverte pendant trois jours, fut couverte jusqu'à concurrence de 187,842 obligations.

Le taux de l'émission était de 425 francs, l'intérêt de 30 francs par an et l'amortissement de 500 francs.

En Angleterre, la souscription absorba 139,635 obligations. Le surplus fut vendu plus tard ferme à la maison Morgan, au taux de 415 francs.

La commission allouée aux banquiers s'était élevée à 6,875,000 francs !!!

Le taux d'émission de cet emprunt fut donc excessif, puisqu'il s'éleva, prime comprise, à 8 p. 100 pour l'État.

Voilà l'usage qu'on faisait des ressources de la France dans ce moment de détresse! L'honnêteté publique ne doit-elle pas flétrir un gaspillage aussi effréné de nos finances, un pillage aussi audacieux du trésor public, des dilapidations aussi effrontées? On invoquera la nécessité, les circonstances; mais à ce compte, toute justification serait facile ; et les Allemands ne donnaient pas d'autre raison lorsqu'ils pillaient ou incendiaient nos villages.

Pendant le siége de Paris, le 19 septembre 1870, Gambetta écrivait dans une proclamation :

« Restons unis, serrés les uns contre les autres, prêts à marcher au feu..... Une cour martiale vient d'être instituée par le gouvernement pour juger les lâches et les déserteurs..... »

Quelques jours après, il partait pour Tours, où il organisait ce qu'on a appelé si finement « la fuite en avant »!

Arrivé à Tours, il s'écrie, le 9 octobre 1870 :

« Ce n'est point une illusion, ce n'est pas non plus une vaine formule : Paris est inexpugnable; il ne peut plus être pris, ni surpris. Restaient aux Prussiens deux autres moyens d'entrer dans la capitale : la sédition et la faim. La sédition! elle ne viendra pas, car les suspects et les complices du gouvernement déchu, ou bien ils ont fui, ou bien ils se cachent. Quant aux serviteurs de la République, les ardents comme les tièdes trouvent dans le gouvernement de l'Hôtel de ville d'incorruptibles otages de la cause républicaine et de l'honneur national !

. . . . . . . . . . . . . . . . . . . . . . . . . . . . . . .

« *Levons-nous donc en masse et* MOURONS, plutôt que de subir la honte du démembrement... »

On sait ce qui arriva. A l'approche des Prussiens, il déménagea, prit un train spécial et se réfugia à Bordeaux, pour commander, pérorer, décréter à son aise *la guerre à outrance* loin des lieux où le canon tonnait , où la mitraille décimait nos bataillons. Pendant qu'il se mettait ainsi à couvert et nous abandonnait aux horreurs de l'invasion, ses organes attitrés répétaient à l'envi que l'unique motif de cette retraite était de ne *point apporter d'entraves aux opérations militaires!*

Quelle amère dérision! Est-ce que la place d'un *Gouvernement de la défense nationale* n'était pas là où le pays luttait, là où le sang coulait, là où se faisaient les derniers efforts pour sauver la France du démembrement et de la ruine?

Ce qu'il était allé chercher à Bordeaux, n'était-ce pas la possession tranquille, loin du bruit importun du canon et des mitrailleuses, de ce pouvoir qu'il avait saisi à l'improviste et dont il abusait si étrangement?

Du moins eût-il dû avoir la pudeur de respecter un deuil qu'il ne partageait pas! Du moins lui et les siens eussent-ils dû fermer leurs théâtres, renvoyer les violons de leurs salles de danse, moins boire, ne plus chanter et cesser d'insulter à nos peines par le spectacle de leurs joies.

Pendant que les braves enfants de nos provinces mouraient pour la patrie, tandis que leurs familles attendaient dans les angoisses et dans les larmes l'issue des combats qui décidaient de nos existences et de nos destinées, à Bordeaux, l'entourage du jeune Gambetta remplissait les bals publics; le Grand-Théâthe donnait *la Muette* ou *Robert le-Diable*, et le Théatre-Français jouait une pièce bouffonne et désopilante : *Une Alsacienne dans le pétrin!*

Gambetta vivait donc gaiement à Bordeaux, acclamé par les francs-fileurs de la démagogie, et plus que jamais partisan de la dictature à outrance.

Au nombre des décrets qu'il rendit, en dehors de la défense nationale, nous en trouvons un, à la date du 27 décembre, que nous signalons à ces héroïques défenseurs de Paris qui enduraient alors les horreurs de la famine, en attendant la délivrance qu'il leur avait promise Il s'agit de ressources culinaires.

« La Délégation du Gouvernement de la Défense nationale,

. . . . . . . . . . . . . . . . . . . . . . . . . . . .

« Considérant qu'il existe sur les parcs de l'État, à Arcachon, des huîtres en quantité assez considérable pour qu'on puisse en distraire une partie sans crainte de nuire à la prospérité des parcs et des huîtrières du bassin ;

« Décrète :

« Art. 1er. — Une quantité de deux millions d'huîtres sera prélevée sur les parcs de l'État, dans le bassin d'Arcachon, pour être vendue aux enchères publiques par lots, après annonces publiées dans les journaux, à la diligence des administrations des domaines et de la marine.

. . . . . . . . . . . . . . . . . . . . . . . . . . . . .

« Fait à Bordeaux, le 27 décembre 1870 »

Quel contraste entre cette vie joyeuse de Bordeaux et les souffrances qu'on endurait alors à Paris, dans nos départements envahis et dans nos armées !

Gambetta n'a jamais dit la vérité au pays sur sa propre situation. Nous n'avons jamais su que par les journaux étrangers les nouvelles qu'il nous importait le plus de connaître. C'est par eux seuls que nous avons appris successivement la chute de Toul, de Schlestadt, de Verdun, de La Fère, d'Amiens, de Thionville, de Rouen, de Dieppe, de Montmédy, de Phalsbourg !

Il y avait trois jours que l'Europe entière connaissait la triste capitulation de Metz, et l'on nous entretenait encore des *sorties victorieuses* de Bazaine ! On nous a raconté des sorties de Paris qui n'ont jamais existé que sur le papier ; on a fait figurer nos troupes sur des points géographiques où elles n'ont jamais paru. Et quand on était forcé d'avouer une partie de la vérité, on avait soin de lui faire subir d'étranges transformations.

Ce qu'il y avait de plus triste, c'est que ces monstrueuses hyperboles n'étaient jamais que la préface de malheurs, dont l'effet était d'autant plus désastreux que les esprits avaient été exaltés par une fausse joie.

Pendant quatre mois, nous avons passé notre vie dans ces soubresauts continuels, dans ces brusques variations capables de briser l'âme la mieux trempée. Tous les deux jours, la France était tour à tour sauvée ou perdue, de sorte que les gens sérieux n'apprenaient plus les bonnes nouvelles, sonnées comme des fanfares, sans un certain serrement de

cœur, non-seulement parce que ces grandes victoires
se fondaient et s'évanouissaient à vue d'œil, quand
on les examinait de près, mais parce qu'ils attendaient avec angoisse la réalité lamentable qu'elles
pronostiquaient à coup sûr, et qui éclatait toujours
au milieu de la joie publique.

Puis, voyez à quelles autres conséquences conduit un pareil système. Ce n'est pas au lendemain
de harangues solennelles sur des victoires imagi-
naires qu'on peut venir confesser simplement son
erreur et accepter le démenti que vous donnent si
rapidement les faits. On est forcé d'expliquer labo-
rieusement et obliquement les choses par des notes
diffuses, pénibles, entortillées, dénuées de dignité
et de franchise. Tel a toujours été le système suivi
par Gambetta, qui se préoccupait plus de sauve-
garder son amour-propre que d'adoucir et de con-
soler la douleur du pays, et réduisait un deuil national aux proportions mesquines d'une question
personnelle.

Pour ne pas convenir qu'il avait eu tort, qu'il
s'était trompé, il succombait à la tentation de re-
jeter la responsabilité sur les généraux qu'il avait
choisis et exaltés la veille, et dont il incriminait
cruellement alors la conduite.

Toutes ses dépêches étaient rédigées avec un
art perfide, de manière à leur faire dire aussi nettement que possible : « Tout le mérite est à moi, toute
la faute est à mes instruments. J'avais organisé la

victoire, mais je ne puis trouver d'hommes capables de me comprendre et d'exécuter mes idées. »

Ce sera un jour une curieuse lecture, au point de vue historique, que celle de ces bulletins qui furent inaugurés par la fameuse légende *des trois cercueils*.

C'est ainsi que Gambetta se fit une popularité avec de fausses victoires. La France était affamée d'espérance, il la traita comme si elle était affamée de mensonge.

.˙.

Jules Favre avait dit : « Nous sommes, non au pouvoir, mais au combat. » Gambetta retourna le mot : il se cramponna au pouvoir et évita le combat.

Ardent à tirer parti des malheurs de la France, cet avocat ambitieux s'empara de la direction politique et administrative du pays comme il avait saisi l'autorité sur ses armées. Ne doutant de rien, il ne prit pas même le soin de placer des hommes capables et intègres à la tête des grandes administrations. Au milieu de toutes les difficultés de l'invasion, il voulut diriger lui-même tous les ministères, pour mieux tenir dans sa main tous les fils du pouvoir.

Ne croyez pas que ce jeune étourdi, sans expérience administrative, se soit au moins renfermé pour étudier et réfléchir, donner des ordres et en surveiller l'exécution. Non! il voulut promener son omnipotence, s'élancer à tout propos en wagon et courir les chemins de fer. Les affaires publiques furent complétement abandonnées à des subalternes, responsables seulement devant un chef en voyage, toujours en voyage. Cette absence et cette irresponsabilité ne nous expliquent-elles pas le désordre permanent dans lequel restèrent toutes choses pendant cette funeste époque?

Ne voulant subir aucun contrôle, il fit disparaître toute trace de constitution élective.

Les maires, que l'ancienne opposition, dont il faisait partie, voulait faire désigner, soit par le conseil communal, soit même par l'élection des habitants de la commune, furent nommés par son autorité suprême.

C'est lui qui fit choisir par ses préfets les membres des commissions administratives, substituées aux conseils communaux.

Les conseils généraux et d'arrondissement étaient un reste de représentation du suffrage universel : il les supprima.

L'énormité de cet acte césarien était d'autant plus manifeste que les conseils généraux, appelés à contrôler les actes des préfets, doivent être placés dans une condition d'indépendance absolue à leur égard, et ne relever en aucune manière de leur autorité. Or, d'après le décret dictatorial, non-seulement les préfets devaient nommer les conseillers généraux, mais encore ils avaient le droit de les révoquer. Le moindre acte d'opposition pouvait y donner prétexte.

Quel était donc le mot de cette situation où, sans nécessité, sans motif, sans droit, et, au contraire, contre toute utilité, toute convenance, toute justice on mettait une main violente sur toutes nos institutions électives, pour leur substituer des combinaisons arbitraires telles que le plus effréné despotisme n'eût jamais osé les essayer?

C'est qu'on voulait se débarrasser de tout contrôle gênant.

C'est qu'on voulait, pour l'avenir, pour les impôts qu'il plairait de frapper, pour les emprunts qu'on voudrait contracter, agir à sa guise, avoir ses coudées franches, puiser dans nos poches à volonté et ne rendre de comptes à personne.

Pour arriver à ce but, il fallait, au mépris de la loi et du suffrage universel, nommer *in petto* des conseillers d'office, pris parmi les gens sans notoriété et sans valeur, sans caractère et sans considération, pêcheurs en eau trouble, ambitieux vulgaires, que les hasards des révolutions font émerger un instant des bas-fonds à la surface.

On avait conservé pendant quelques mois les conseils généraux élus, pour leur faire voter les millions destinés à la défense nationale. Puis. la chose faite, on les congédiait, pour éviter qu'ils demandassent des comptes aux intègres amis du jeune dictateur.

On eût pu croire au moins que, dans des circonstances aussi critiques, pendant que l'ennemi pillait nos provinces et que le sang français coulait à flots, Gambetta s'empresserait de rendre à la nation la direction de ses propres affaires, et d'appeler ses représentants au contrôle et au partage de son pouvoir. Non encore! Ce dictateur en démence, qui menait le pays à sa ruine, ne voulut pas lui permettre de se sauver lui-même.

Jamais pourtant conduite politique n'avait été plus dictée par les événements, et plus conforme aux intérêts de la France.

En effet, si l'Assemblée élue eût cru devoir conclure la paix, elle l'eût signée dans l'exercice de sa souveraineté, sans que sa responsabilité pût être mise en cause, puisqu'elle n'eût fait que signer la liquidation de l'Empire, et personne n'eût pu songer à la rendre responsable de nos malheurs. La France eût acclamé avec reconnaissance ceux qui, arrêtant l'effusion du sang et lui rendant les bienfaits de la paix, auraient diminué et pansé de leurs mains les blessures faites par un régime qui l'avait jetée, avant qu'elle fût prête, dans les plus sanglantes aventures.

Si, au contraire, l'Assemblée eût cru devoir continuer la guerre, le gouvernement, appuyé sur le concours actif des représentants et l'assentiment de

la France entière, eût été beaucoup plus fort ;
la guerre fût devenue alors véritablement nationale ;
l'Europe eût su que c'était la France entière qui se
levait ; et M. de Bismarck, vainqueur ou vaincu, eût
compris que c'était avec la nation française qu'il
fallait compter.

Avec une Assemblée librement élue, la médiation
des puissances étrangères eût été aussi plus efficace, puisque plusieurs ministres des grandes puissances avaient déjà déclaré que le principal obstacle à l'intervention des neutres pour le rétablisse-
ment de la paix était l'absence d'un gouvernement
régulier en France, et que ni la Prusse ni les neutres ne savaient avec qui traiter.

On sait en effet que le congrès de Londres avait
permis à la France de revendiquer les traités des
15 et 16 avril 1859, et de réclamer, malgré la résistance de la Prusse, l'intervention des puissances.
Gambetta eut connaissance du protocole de ce congrès ; il n'en tint aucun compte, et ne daigna pas
donner à un diplomate l'autorité nécessaire pour
suivre cette importante négociation.

Mais voici un fait, plus grave encore, que l'auteur de *l'Équilibre européen*, M. Cucheval-Clarigny,
a dénoncé à la conscience publique. Il s'agit, si le
fait est vrai, et nous n'osons plus en douter devant
le silence gardé par Gambetta, d'un des plus grands
crimes politiques qu'ait commis son odieuse dictature.

M. Cucheval-Clarigny rappelle d'abord les causes qui entretenaient l'antagonisme de l'Autriche et de la Prusse, pendant que cette dernière puissance écrasait la France sous le poids de ses armées. Puis il raconte que le cabinet de Vienne, préoccupé de la résistance inattendue de Paris et du développement de nos armées dans les provinces, pensa qu'il y avait dès lors, pour les puissances européennes, autre chose à faire que de rester dans la neutralité prêchée par l'Angleterre, et que le moment d'une médiation armée était arrivé.

Un seul obstacle arrêtait l'Autriche : l'état précaire de ses finances. Chevaux, hommes, matériel d'armement, tout était en nombre suffisant ; l'argent seul manquait pour faire face aux nécessités d'une guerre redoutable.

Gambetta, ayant été informé de ces dispositions du cabinet autrichien, chargea « un agent confidentiel que le gouvernement français entretenait à Vienne » — c'est notre auteur qui parle, — d'aborder « nettement la question des finances avec le gouvernement autrichien, en déclarant qu'elle serait résolue par la France. » C'est ce qui fut fait, et l'Autriche tout aussitôt stipula ses conditions, qui furent acceptées : un million par mille hommes mis en campagne.

Toutefois, comme tout naturellement le gouvernement sans consistance et de fantaisie sinistre qui siégeait à Tours inspirait peu de confiance, et sans doute beaucoup de répugnance au cabinet autrichien, celui-ci déclara qu'il entendait traiter avec une Assemblée élue « ayant qualité pour représenter et engager la France », *lors même que cette réunion compétente ne serait prise que dans le sein des conseils généraux et désignée par ceux-ci.* Ces scrupules étaient bien légitimes, et rien n'était plus facile que de leur donner satisfaction.

Mais l'orgueilleux dictateur ne l'entendait pas ainsi. Que lui importait le salut de la France, si son autorité dictatoriale était amoindrie ! Il repoussa d'une façon absolue « toute pensée d'un appel aux électeurs ou de la convocation d'une Assemblée quelconque » Et l'on en resta là ! ! !

Ainsi donc, si la France a été écrasée, ruinée, démembrée, c'est à Gambetta qu'il faut s'en prendre, à ce dictateur effréné qui a sacrifié son pays à son orgueil, à son égoïsme, à ses passions.

Ainsi donc encore, si l'équilibre européen, que l'Autriche voulait sauver, n'existe plus, si à l'heure qu'il est l'Europe est dominée par la Prusse, grands et petits États, c'est à l'imbécillité de ce faux homme d'État que nous devons ces résultats.

Voilà donc l'homme que les flatteurs, les fourbes et les ignorants ont signalé à la France comme l'âme de la défense nationale, et dont ils osent vanter encore le patriotisme !

Honte éternelle à ce César de contrebande qui a pu sauver la France, et qui a préféré sauver sa dictature !

...

Pendant que ce mauvais génie de la France, sans pitié pour nos douleurs, sans cœur, sans patriotisme, nous conduisait à une perte certaine, ses préfets se montraient dignes de lui.

Aussi la France offrit-elle bientôt le spectacle du plus triste gâchis administratif qui ait jamais déshonoré une nation civilisée. Les délégués du dictateur, envoyés dans les départements avec des titres divers, mais avec des pouvoirs qui les mettaient au-dessus des lois, en prirent à leur aise et se livrèrent aux plus violents excès d'arbitraire et de despotisme. Ces hommes, étrangers à toute notion administrative, divisèrent le pays dans un moment où l'union eût été la plus naturelle des vertus, comme elle était le plus impérieux des besoins; ils gaspillèrent nos écus, gâchèrent notre vaillance, paralysèrent nos forces militaires, et répandirent des flots de sang généreux avec plus de profusion qu'ils ne versaient naguère le contenu des chopes et des canettes de leurs brasseries natales.

Quel concours sérieux de tels hommes pouvaient-ils apporter à la défense nationale? Le salut du pays n'était d'ailleurs pour eux qu'un accessoire : l'essentiel était de le républicaniser et d'y perpétuer la dictature du maître.

En sortant des griffes de l'Empire, la France tomba donc sous la patte crochue de ces démagogues envieux et rapaces, sans expérience et sans talent, qui manièrent de leurs mains incapables les finances du pays, décidèrent d'un trait de plume les questions les plus délicates, et tout cela avec la désinvolture et la suffisance de personnages convaincus de leurs mérites et pénétrés de leur importance.

Se regardant comme maîtres et seigneurs du pays, ils voulurent tout prendre, tout tenir, tout garder. Ce que les Prussiens n'occupèrent pas, ils l'envahirent. La France ne s'appartint plus. D'un côté l'invasion, de l'autre le despotisme brutal, sans critique, sans examen, sans contrôle. Partout des tripotages, des gaspillages, des impositions, des réimpositions, des emprunts, des réemprunts et des réquisitions !

Tout ce que la France respectait encore fut foulé aux pieds : la religion, la liberté, le suffrage universel, le bon sens, les droits des citoyens, la justice !

Tels étaient les complices que Gambetta avait choisis pour seconder son ineptie vantarde et fonder la République.

Jugez-les d'ailleurs par leurs actes.

Voici les faits qui se passèrent à Lyon sous le proconsulat du citoyen Challemel-Lacour :

Arrestation des fonctionnaires publics, des magistrats, des prêtres; fermeture des églises, suppression de l'enseignement religieux , création des écoles athées dites municipales; ventes aux enchères par le maire de Vaize des biens des congrégations religieuses; obstacles apportés à la sortie des valeurs ; menaces d'un emprunt forcé; suppression de l'octroi, qui priva la ville de Lyon d'un revenu de 7,500,000 francs, au moment où lui incombaient des charges exceptionnelles; permanence des clubs et réunions publiques, où l'on prêchait continuellement l'émeute et la révolte ; création, sous la présidence de Cluseret, de la *Fédération révolutionnaire des communes;* émeute le 28 septembre avec la connivence des Communeux officiels; autre émeute, le 20 décembre, pour empêcher l'incorporation de la garde mobile dans l'armée, et précédée de l'assassinat du commandant Arnaud; nouvelle émeute le 8 février, à l'occasion des élections.

Avant Paris, Lyon avait donc joui du régime de la Commune avec l'assentiment du dictateur. Avant Paris aussi, Lyon avait arboré le drapeau rouge, qui fut salué par Gambetta à son passage dans cette ville, et fut substitué au drapeau national jusqu'à la fin de la dictature.

Voilà donc comment la défense du pays était comprise à Lyon. La plus abjecte démagogie ne cessa, pendant toute la guerre, d'être maîtresse de cette ville, sans que Gambetta ni son ami, le préfet Challemel Lacour, ni son ancien collègue, le citoyen Hé-

non, maire de Lyon , y aient fait le moindre obstacle. Elle y régna au mépris des lois, à la honte du
pays, au scandale de l'Europe, qui, dans l'extrême
péril où était la France, vit un ramassis de jacobins
entraver la défense du pays et servir de toute l'é-
nergie de ses ignobles passions l'œuvre du démembrement que poursuivait la Prusse.

Même anarchie et mêmes scandales à Marseille,
qui avait pour préfet le sans-culotte Esquiros. Cet
énergumène, qui ne se présentait en public que
coiffé d'un fez rouge et la cigarette à la bouche,
s'était à peu près affranchi de toute dépendance
vis-à-vis de son jeune chef, et partageait son autorité avec le club de l'Alhambra. Ce club, qui
représentait la démagogie extrême, décréta la permanence de l'échafaud, la déchéance du gouvernement de la défense nationale, la destitution du maire
du 4 septembre et du conseil municipal républicain, élu par le suffrage universel, etc., etc.

Gambetta ne pouvait ignorer cette situation. Il
devait savoir en outre que l'ambassadeur de Prusse
à Madrid se faisait tenir, jour par jour, au courant
des fautes d'Esquiros et des progrès de la démagogie marseillaise ; que ces renseignements étaient
transmis immédiatement au comte de Bismarck, qui
en tirait parti contre nous. Mais Gambetta était trop
engagé avec la démagogie pour agir contre elle.

Le préfet de Toulouse, le citoyen Duportal, pro-
mit aux bandes démagogiques de se mettre à leur

tête quand le jour de la *vengeance* serait arrivé.

Dans une autre circonstance, il lâcha le flot populaire sur les presses de *la Gazette du Languedoc*.

Voici d'ailleurs le langage que tenait son journal, *l'Émancipation*, devenu son organe officiel :

« Nous demandons que la PEINE DE MORT soit prononcée, par défaut et sans appel ultérieur, *contre tout homme : ouvrier, paysan, fils de famille, séminariste, jésuite, moine, abbé, curé ou évêque,* s'il est âgé de moins de trente-cinq ans, qui, dûment sommé de se rendre sous les drapeaux, ne se présentera pas dans les délais fixés. Nous demandons *que cette* PEINE DE MORT, ainsi prononcée, *soit déclarée exécutable dès que le déserteur pourra être saisi,* SANS QU'IL PUISSE, EN AUCUN CAS, ÊTRE FAIT GRACE AU COUPABLE.

« Nous demandons, de plus, *que les biens des déserteurs, des fuyards, de tous ceux qui se cachent ou se sauvent lâchement* en présence des dangers actuels de la patrie, SOIENT IMMÉDIATEMENT CONFISQUÉS ET VENDUS SANS RETARD, au profit des femmes et des enfants laissés sans ressources, sans moyens d'existence, par suite du départ des pères et des maris. »

Est-il besoin de dire que ces menaces odieuses soulevèrent l'indignation des hommes de cœur de tous les partis?

Remarquez que ces faux patriotes, qui demandaient si légèrement la mort et la confiscation, avaient été exemptés de tout service actif comme *employés* à l'armement.

Les préfets de Gambetta savaient faire un usage fructueux de *leurs pouvoirs illimités*. Quand ils

avaient des fils, des neveux, des cousins, ils les plaçaient et surtout les plaçaient bien. C'est ainsi que le
citoyen Duportal, dont le traitement annuel s'é
levait à *soixante mille francs*, trouva un prétexte
pour révoquer le colonel qui commandait l'arsenal
de Toulouse et le remplacer par son fils, Henri
Duportal, jeune ingénieur des mines. Le traitement était d'environ huit mille livres, avec les accessoires.

Les devoirs de la défense nationale laissaient au
citoyen Duportal le temps de prêcher l'athéisme.
Nous reproduisons le discours qu'il prononça, le 13
décembre, à l'enterrement civil du citoyen Leballeur,
où il s'était rendu *avec son cortége officiel.*

« Frères et amis,

« Nous rendons à la terre, *mère incréée de l'éternelle
humanité,* le corps inanimé d'un intrépide champion de
la pensée libre et du drapeau républicain.

« Tous les combats que l'iniquité monarchique et la fa-
talité sociale livrent à notre faible nature, Charles Leballeur les a soutenus avec courage et persévérance : luttes
pour sa foi politique, luttes du cœur et du foyer domestique, luttes contre les défaillances de l'ingrate matière
qu'il relevait sans cesse des richesses de son cœur et des
ressources de son esprit.

« Il m'appartient de le proclamer, à moi qui l'ai connu
dans les rudes épreuves des mauvais jours. Le coup d'État
nous fit compagnons de chaîne ; les sbires de Bonaparte
nous revirent un jour à la même barre de justice ; sur le
grabat des ergastules de Bone, nous avons partagé l'humble

couverture de laine que la geôle avare du sinistre assassin de décembre octroyait aux victimes de ses scélératesses.

« Et maintenant, ce valeureux lutteur est vaincu!.. Voilà nos capitulations, à nous les assiégés de la forteresse imprenable de la foi républicaine. Six pieds de terre sur notre face contractée par les ravages de la mort sont le dernier argument qui nous trouve sans réplique.

« Mais il ne nous trouve pas sans résignation!

« *Nous savons en effet que, rentrer au sein de la terre, c'est payer le tribut que nous devons tous à la palingénésie naturelle de la création des êtres.*

« Charles Leballeur l'a compris (oh!) et prouvé d'une manière héroïque. Qui de vous, frères et amis, malgré les orages de sa destinée, ne serait heureux du lot qui lui est dévolu : une existence pleine de dévouement et de sacrifices, la mort sereine d'un sage *dégagé des terreurs sinistres d'une autre vie,* fort de sa conscience et de l'estime de ses concitoyens!

« *Nous ne nous reverrons plus!* Mais la dernière fois que ma main virile et frémissante rencontra la tienne déjà glacée par l'agonie, nous savions tous les deux que nos enfants se rencontreraient un jour *dans le terrestre paradis de la République universelle.*

« Pour la dernière fois, Leballeur, adieu! »


Que dire de ce pathos où Dieu, l'âme et les destinées d'une autre vie sont si effrontément niés, et qui ne laisse plus rien aux espérances de l'homme : rien, sinon *le terrestre paradis de la république universelle?* Il eût pu dire que la république démagogique a çà et là des paradis terrestres pour ses élus, nous l'eussions cru volontiers, et mieux qu'un autre il pouvait savoir qu'on y vivait bien ; mais que la république, comme l'entendent les communards, soit un paradis universel, c'est autre chose. Quant à ces *assiégés de la forteresse imprenable de la foi républicaine qui ne capitulent* que devant la mort, ces exploiteurs de la sottise humaine nous ont appris qu'ils capitulaient à moins.

Le préfet du Gers, le citoyen Montanier, avait pour spécialité de violer le domicile des citoyens et de détruire toute liberté électorale.

Au moment où la question électorale fut agitée, ce préfet à poigne envoya des brigades de gendarmerie chez tous les candidats conservateurs.

La réquisition donnée aux gendarmes portait l'ordre de fouiller les papiers des candidats et, au besoin, de s'assurer de leurs personnes.

Le citoyen Audoy, préfet de Lot-et-Garonne, interdisait à *ses* maires de *lire* certains journaux.

Le département de Maine-et-Loire eut successivement pour préfets les citoyens Allain-Targé et Engelhard. Voici comment le premier entendait la liberté électorale. C'est M. Eugène Villedieu, sous-préfet de Cholet, qui parle :

« Tout alla bien jusqu'à l'approche des élections pour l'Assemblée Constituante, élections fixées au 16 octobre.

« Alors, le préfet de Maine-et-Loire, M. Allain-Targé, candidat dans ce département, commença à me dire, avec beaucoup d'insistance, *que je ne devais pas craindre de faire* ASSEZ VIGOUREUSEMENT DE LA PRESSION ÉLECTORALE, ET DE LUTTER OUVERTEMENT CONTRE TOUT CE QUI EST CLÉRICAL.

« Il m'enjoignit ensuite, à plusieurs reprises, d'avoir à

m'appuyer, pour ces élections, sur ceux qui s'étaient signalés par leur *BONAPARTISME*, parce que, me disait-il, DE CES HOMMES SANS PRINCIPE ON FERA TOUT CE QU'ON VOUDRA ! »

Résistance honorable du sous-préfet de Cholet, qui reçoit bientôt avis de sa révocation.

On ignore peut-être que les préfets avaient alors le droit *d'appeler et de renvoyer* A LEUR GRÉ les sous-préfets de leur département.

Ainsi donc, ces hommes qui avaient ameuté l'opinion publique contre le despotisme des préfets de l'empire pouvaient disposer selon leur bon plaisir des fonctions les plus importantes !

Le citoyen Allain-Targé usa largement de ces pouvoirs excessifs. Il en vint même jusqu'à désorganiser la magistrature et à payer les services de ses policiers par des justices de paix.

Devenu plus tard préfet de la Gironde, il prit part à l'attentat du 4 février contre la presse, et signa, avec le citoyen Ranc, grand-maître de la police de Gambetta, les ordres de saisie des journaux qui avaient dénoncé la révolte du dictateur contre son propre gouvernement.

Il avait été remplacé à Angers par le citoyen Engelhard, ex-membre du conseil municipal de Strasbourg, dont ses collègues l'avaient exclu, à cause de son absence pendant le siège de cette ville.

Devenu préfet, le citoyen Engelhard sembla avoir pris à tâche de discréditer son gouvernement et de

décourager les hommes dévoués au salut public.
Pour laisser une trace durable de sa courte administration, il ordonna la suspension de *l'Union de
l'Ouest* et de *l'Ami du peuple*, deux des organes les
plus dévoués à la défense nationale.

Un journal républicain de Bordeaux, *les Etats-
Unis d'Europe*, jugea ainsi cet acte arbitraire :

« Le citoyen Engelhard n'est qu'un républicain inin-
telligent et incapble ; s'il connaissait la contrée d'où nous
avons fait jaillir des milliers de combattants pour aller
défendre la France, et cela après le 4 septembre, il com-
prendrait le rôle ridicule qu'il a joué en faisant suspendre
deux journaux nécessaires au tempérament des habitants
de l'Ouest.

« Il y a des gens qui portent des bas, d'autres des po-
lonaises ! jamais nous n'accepterons dans l'Ouest le lyrisme
des estafiers du Café de Madrid. Nous voulons la République, nous combattons pour elle et nous saurons la défendre, même contre ceux qui sont payés par elle ; ce que
nous ne voulons pas, c'est l'arbitraire de mauvais aloi ; ce
que nous ne voulons pas, c'est le despotisme des sans-
culottes. »

Il est utile de remarquer que les écrivains poursuivis par ces tyranneaux dans leur considération,
leur propriété et leur liberté, et représentés par eux
comme coupables de *connivence avec l'ennemi*,
étaient, dès que les Prussiens se rendaient maîtres
d'une ville, traqués par eux comme des adversaires
redoutables.

C'est que ces écrivains ainsi traités par l'ennemi

rendaient des services réels à la cause de la défense nationale, que les délégués de Gambetta ne faisaient qu'exploiter.

On a remarqué avec une juste indignation la rapidité avec laquelle les préfets de Gambetta savaient *se replier* devant l'ennemi, sans même prendre la peine de prévenir les populations intéressées du danger qui les menaçait. C'est ainsi que ces porteurs de képi à sept galons savaient stimuler la défense nationale et prêcher la guerre à outrance sans nul danger pour eux-mêmes.

Sait-on comment les préfets de Gambetta entendaient la défense nationale? Pendant que Paris continuait cette glorieuse résistance devant laquelle se brisèrent les efforts de l'ennemi, pendant que nos armées défendaient pied à pied le sol français contre l'invasion étrangère, les préfets encourageaient une agitation séparatiste dans les départements du Midi et du Sud-Ouest, agitation dont le résultat le plus clair était de paralyser la défense nationale.

Au moment même où l'union entre tous les Français était plus nécessaire, au moment où l'unité dans la direction des affaires, où l'abnégation et la concorde étaient le plus indispensables, ces hommes eurent le cynisme de travailler au déchirement de leur patrie.

Voici quelques extraits du programme de la ligue du Sud-Ouest :

« Attendu qu'il importe de grouper, de coordonner

toutes les forces démocratiques dans la France méridio-
nale, afin d'exercer sur le pouvoir central et les autorités départementales une action puissante et con-
stante ;

« Et, dans le but de leur fournir les moyens de conso-
lider, d'assurer la République, une et indivisible, contre
l'ennemi du dedans et du dehors ;

« La ligue du Sud-Ouest, réunie à Toulouse en assemblée populaire les 20 et 21 novembre 1870, adopte les
résolutions suivantes : »

Puis suivent de nombreuses résolutions, dont voici
l'analyse :

« Abolition des octrois et impôts indirects, dissolution
des conseils généraux, destitution de tous les fonctionnaires — politiques ou non — qui s'étaient distingués par
leur zèle dynastique, exclusion des emplois publics de
tous les serviteurs du régime déchu, établissement dans
chaque département de jurys chargés de juger les complices officiels ou *officieux* des crimes commis par Louis-
Napoléon Bonaparte, abolition de l'inamovibilité de la
magistrature : voilà le large et généreux programme que
ces ligues se promettaient de remplir.

« L'article 1er instituait des commissaires civils destinés à se rendre, avec pleins pouvoirs, auprès des armées
en campagne ou des villes assiégées.

« Surveiller les généraux, les tenir en suspicion et les
dénoncer, leur intimer des ordres et leur dicter des plans
de campagne : voilà à quoi songeaient nos grands stratégistes. Quant à fournir à nos officiers des hommes à exercer et des soldats à mener au feu, c'était le moindre de
leurs soucis. Juger et condamner, inspecter et commander :
voilà quelle était leur affaire; obéir, servir n'était point
leur fait. »

On le voit, rien n'y manquait. C'était tout un État dans l'État; en un mot, c'était, sous le couvert des projets habituels de réforme, la tentative la plus audacieuse et la plus complète d'une usurpation radicale des pouvoirs publics.

Nous sommes heureux d'avoir à constater que quelques préfets ne voulurent pas rester complices d'une telle anarchie politique et donnèrent leur démission.

Quelques autres, qui s'étaient permis d'adresser *confidentiellement* à Gambetta des observations sur ses abus de pouvoir, furent destitués.

C'est ainsi que M. Cyprien Girard, préfet de la Nièvre, républicain de vieille date, mais libéral convaincu, fut brutalement destitué.

C'est ainsi que M. Marcel Lucet, préfet de Constantine, *fut relevé de ses fonctions*, pour avoir professé un trop grand respect du suffrage universel et de la légalité.

⁂

Cette dictature inepte nous entraînait donc à grands pas à l'abîme.

L'heure suprême arriva. Quarante départements français étaient occupés par les Allemands. La perte de l'armée de l'Est et le désastre du Mans allaient livrer à l'invasion nos dernières provinces, lorsque la capitulation de Paris vint rendre disponibles toutes les armées ennemies. Ces coups de tonnerre qui se succédèrent en quelques jours ne permettant plus de continuer la guerre avec le moindre espoir de succès, un armistice fut signé pour consulter la France sur la question de paix ou de guerre.

Mieux qu'un autre, Gambetta avait la triste certitude que tout était perdu.

Mais ce détestable ambitieux tenait trop à conserver son pouvoir pour faire un pareil aveu. Aveuglé par son orgueil, et sans pitié pour nos malheurs, il osa notifier à la France *que* SA *politique était toujours la même*, et il la formula en ces termes : GUERRE A OUTRANCE JUSQU'A COMPLET ÉPUISEMENT.

Le dictateur en démence qui osait tenir un pareil langage était l'homme qui, après avoir pendant quatre mois demandé à la France des sacrifices incalculables en hommes et en argent, n'avait pu aboutir qu'à des désastres amenés par l'absurdité de ses ordres et de ses contre-ordres, par l'ineptie de ses conceptions militaires, par son entêtement dans les projets les plus absurdes et par son incapacité absolue.

C'était l'homme qui, pendant nos malheurs inouïs, n'avait cessé de mener joyeuse vie, se tenant toujours loin du danger, arrachant aux citoyens leurs derniers fils et leurs derniers écus, puis dirigeant nos armées de telle sorte que partout elles étaient battues, dans l'Est comme dans le Nord, dans le Nord comme dans l'Ouest.

Cet insensé, aussi cruel qu'inepte, ne comptait pour rien le sang répandu, le deuil des familles, la ruine générale, les catastrophes accumulées ; et, pour conserver encore son odieuse dictature, il criait à ceux qui avaient supporté le poids de la défense nationale et de l'invasion : GUERRE A OUTRANCE; RÉSISTANCE JUSQU'A COMPLET ÉPUISEMENT!

Pourquoi donc ne nous avait-il pas donné l'exemple? Pourquoi n'avait-il pas imité la conduite courageuse et patriotique du prince de Joinville et du duc de Chartres, qui étaient venus partager les périls et la vie de privations de nos soldats pour marcher aux Prussiens ? Pourquoi donc, lorsqu'il était à Tours, ne s'était-il pas défendu jusqu'à la mort? Au lieu de cela, il avait fui le danger et s'était replié sur Bordeaux pour y continuer ses gaspillages et ses orgies. Quel mal y aurait-il donc eu, en vérité, à ce qu'une balle ou un éclat d'obus, atteignant le citoyen dictateur, eût prouvé qu'il n'était pas seulement prodigue du sang des autres, mais prodigue aussi du sien et prêt à le verser pour sa patrie?

Ce dominateur insolent, qui n'avait cessé de tromper Paris sur le véritable état de la France, voulut pratiquer ce système de duperie jusqu'à la dernière heure.

Le *Journal Officiel* du 3 février contenait une

note foudroyante pour le dictateur à outrance. Cette note était ainsi conçue :

« Le Gouvernement a reçu de M. Gambetta une dépêche annonçant qu'il fait exécuter les conditions de l'armistice *ainsi que le décret relatif aux élections*. »

Or, pendant que Gambetta donnait à Paris cette assurance de soumission, il confisquait à Bordeaux les dépêches du Gouvernement, afin de tromper la France comme il avait trompé Paris ; il continuait de gouverner en maître, et quand la pression publique le força de subir les élections, il essaya de rétablir les candidatures officielles par exclusion.

Il était évident qu'il ne voulait pas lâcher sa dictature. Sa résistance était soutenue par ses prétoriens, galonnés et heureux de l'être, qui tenaient eux-mêmes à conserver le désordre dans lequel et duquel ils vivaient.

La France échappa alors à une effroyable commotion. On se souvient que les démagogues s'étaient abstenus d'aller présenter leurs poitrines aux Prussiens, se réservant pour la guerre civile Le moment leur parut arrivé de tenter un mouvement révolutionnaire auquel la France démembrée et meurtrie semblait ne pouvoir résister. Cette prise d'armes, organisée de longue main par les amis de Gambetta, devait s'appuyer sur les ligues séparatistes du Midi, du Sud-Ouest et sur le Comité Central de Paris. Le dictateur crut donc la France à la veille d'un immense chaos dont il allait devenir le chef sinistre et grotesque. Mais ce double mouvement démagogique se fit attendre, s'ajourna même, et Gambetta, toujours prudent pour lui-même, et qui d'ailleurs avait tout à redouter de la justice du pays, s'empressa d'aller faire peau neuve en Espagne, où, nouvelle menace pour l'avenir, il attendit, dans une retraite fort dorée, l'explosion de la Commune de Paris.

Telle fut la fin de cette dictature de brasserie, qui pendant quatre mois avait humilié la France et l'avait perdue !

Elle avait essayé de la révolte contre le Gouvernement de la défense nationale : elle fut jetée par terre sans trouver le moindre appui dans la population.

Ce portefeuille de l'intérieur, dont Gambetta ne s'était servi que pour désorganiser et terroriser le pays en lui imposant des préfets tels que les Esquiros, les Allain-Targé, les Challemel-Lacour, les Duportal et les Engelhard ; — ce portefeuille de la guerre abaissé jusqu'au dernier degré du gaspillage et de l'impuissance entre ses mains ineptes et fanfaronnes: ils lui furent enlevés par l'indignation publique, aux applaudissements de la France entière.

Force demeura à la loi, et le rebelle fit une chute d'autant plus profonde qu'il avait voulu s'élever plus haut.

L'histoire flétrira cette administration scandаleuse, où l'effronterie de dilapidation le disputa à l'incapacité. Elle sera sévère pour ce dominateur insolent qui sacrifia le pays à ses caprices et dont le nom restera ineffaçablement attaché, avec celui de Bismarck, aux ruines de la patrie.

Voici le jugement porté par les journaux anglais sur la dictature de Gambetta :

« La retraite de Gambetta, disait *le Times*, est pour la France un signe d'espoir, de paix, de concorde ; car cet homme avait tout fait pour conduire ce malheureux pays dans la guerre la plus désastreuse, et dans le chaos et la désunion la plus complète.

« Nous regardons sa retraite comme le meilleur symptôme des effets de l'adversité sur la grande masse du peuple français, dont chaque citoyen aujourd'hui doit commencer à penser plutôt à son pays qu'à l'esprit de parti.

« En répudiant ce dictateur qui avait désiré faire de l'Assemblée nationale un parti de factieux désorganisateurs de toute société, la France a montré, quoi qu'en disent les journaux de la démagogie, qu'elle voulait avant tout une représentation nationale qui fût la véritable expression des sentiments du pays.

« Aussi regardons-nous la déconfiture de Gambetta comme la seule chance qu'ait la nation française de reprendre ses droits de souveraineté usurpés pendant cinq mois de la manière la plus indigne par cet imposteur, qui ne s'est servi de sa dictature effrénée que pour tromper son pays de la manière la plus déplorable. »

Le *Morning-Post* faisait observer que la France était désireuse de la paix, que Gambetta seul voulait la guerre à outrance. Il ajoutait que, d'après la manière impardonnable dont il l'avait conduite, ce jeune ministre de la guerre n'avait rien de mieux à faire que de donner sa démission.

« Pour nous, Anglais, observait le *Morning-Post*, nous n'avons jamais pu comprendre comment les Français, ce peuple si brave et si spirituel, ont pu, pendant des mois, se laisser aveuglément conduire par un pareil désorganisateur, qui a mis son pays sur les bords de l'abîme où il se débat, qui, en accusant de trahison les malheureux généraux qu'il mettait à la tête des armées françaises, était au contraire celui que la nation devait accuser et mettre en jugement pour avoir forcé ces derniers à exécuter des plans impossibles suggérés par l'incapacité et la folie de ce dictateur, qui n'a pour défense que les belles phrases sonores de son imagination exaltée, et dont il ne se sert que pour capter la multitude qui s'impressionne trop souvent sans raisonner. »

Le *Daily-News* remarquait que, depuis des années, il n'y avait pas eu de plus inexplicable problème que l'aveuglement de la France pour Gambetta. C'était pour lui un de ces hommes de 1792 qui, trouvant son pays sourd à ses appels révolutionnaires, avait voulu s'en venger en le laissant épuisé et sans défense devant l'Allemagne lui présentant d'une main la paix à de dures conditions, et de l'autre son épée victorieuse prête à retomber sur lui.

Le *Standard* ne se plaignait pas de ce que Gambetta était un républicain ; mais ce qu'il lui reprochait, c'était d'avoir voulu intervenir arbitrairement et despotiquement dans la libre expression de la volonté nationale.

Une république à la Gambetta signifiait pour le *Standard* la ruine présente de la France et l'anarchie la plus complète pour l'avenir. Il doutait qu'il pût y avoir un millier de républicains de cette espèce dans toute la France, et il prétendait que sous pareille république, dirigée par un tel dictateur, la France n'eût jamais été capable, même après un certain laps de temps, de reprendre sa vitalité et son rang à la tête des grandes nations du monde civilisé.

15 octobre 1870.

---

Ce qui précède était écrit, lorsque l'homme qui a déjà pris une si grande part à la ruine de la France a osé publier, sous forme de lettre, un manifeste, réquisitoire hypocrite, dont le galimatias laisse passer çà et là de sinistres clartés. Pour qui sait lire et comprendre, c'est un appel à une révolution nouvelle !

Serait-il donc vrai, comme des bruits trop per-

sistants sembleraient l'indiquer, que ce factum recélerait le programme d'une monstrueuse alliance
entre la secte de l'ex-dictateur et les hommes dont
les méfaits ont été la première cause de nos désastres?

Voilà donc où conduirait l'impunité des grands
crimes !

Que la France veille sur ces aventuriers politiques !

9632 — Paris, imprimerie Jouaust, rue Saint-Honoré, 338.